エコロジカル
聖書解釈の手引き

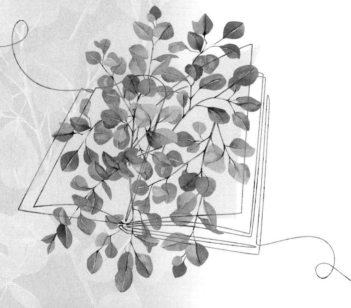

関西学院大学キリスト教と文化研究センター[編]

キリスト新聞社

まえがき

本書の目的

2023年夏の世界の平均気温の高さはこれまでにないものでした。グティエレス国連事務総長は「地球温暖化の時代は終わり、地球が沸騰する時代に突入した」と世界に警告しました。気候変動＝地球温暖化はますます加速しています。山火事や台風といった大きな自然災害が毎年起きているのも、この地球温暖化が原因です。また温暖化によって絶滅する動植物の種も増えています。さらに、海面上昇などによって生じる「気候難民」の数もこれから増加すると考えられています。温室効果ガス排出の削減といった対応が国際社会の急務です。

世界のキリスト教——カトリック、正教会、プロテスタント——は、このような気候変動に対して様々な取り組みを行っています。2015年、教皇フランシスコは『回勅 ラウダート・シ』を公布し、神と自然と人間とが調和のうちに生きるインテグラルエコロジーを目指したライフスタイルの変更のためのエコロジカルな回心をすべての人に勧めました。さらに、この回勅後も教会の取り組みが不十分との反省から、2023年10月、『使徒的勧告 ラウダーテ・デウム』が公布されました。

本書でも、藤原佐和子さんがエキュメニカルな動きを紹介していますが、近年、世界教会協議会に連なるいくつかのプロテスタント教会が教会とエコロジーを結びつける重要な文書を公にしました。

　また、カトリック、正教会、プロテスタントを結びつける環境正義を求める運動として、近年、伝統的な教会暦に「創造の季節」を加えるという動きがあります。この季節は正教会の「創造主と神に造られた世界についての祈りの日」である 9 月 1 日に始まり、「聖フランシスコの日」である 10 月 4 日に終わります。この「創造の季節」に、教会の礼拝や教会学校、キリスト教主義学校の宗教科の授業において、聖書の言葉をどう分かちあいましょうか。本書は、そのヒントを提供しようとするものでもあります。

エコロジカル聖書解釈のルーツ

　1967 年、世界的に権威のある学術誌『ネイチャー』に技術史家リン・ホワイトによる論文「現在の生態学的危機の歴史的根源」が掲載されました。このなかでホワイトは二元論と人間中心主義がしみ込んでいる欧米のキリスト教は「世界がこれまで知っているなかでももっとも人間中心的な宗教である」と主張しました。二元論とは、人間は神の姿かたちにつくられたのだから（創 1:26）、たとえ土の塵からつくられたとしても（創 2:7）、自然の一部ではないとする考えのことです。また、人間中心主義とは、この二元論から人間は自然より優れていて、自然は人間のためにあるという考えのことです。ホワイトは、このような創世記 1-2 章の解釈が環境を破壊する人間文明の根源であると主張しました。

　このリン・ホワイトの問題提起に対して、キリスト教から様々な応答がよせられました。彼のこの論文こそが、エコロジカル聖書解釈の出発点なのです。ゲルハルト・リートケはこのホワイトの問題提起に聖書学の立場から応答しました。彼は 1979

年に『生態学的破局とキリスト教　魚の腹の中で』を出版しました。彼は創造物語と洪水物語は相互補完的な関係にあるとし、創造物語の「地を治めよ」（創 1:28）という命令は洪水後のノアとの契約（創 9:1-17）を参照したときにはじめて適切に理解できると考えました。彼によると、この「地を治める」とは（1）食物を得るために必要な農地耕作のことであり、（2）人間と動物が共通の生活空間である地に住むために人間が調整をしなければならないという責任のことです。人間は、地の独裁者ではなく調停者として「被造物のいかなる部分も生存権を奪われないように、すべてをシャロームへと回復しなければ」なりません。リートケのこの本は、エコロジカル聖書解釈の嚆矢となりました。

　21 世紀に入ると、オーストラリアの聖書学者ノーマン・ハベルの呼びかけで、世界中の聖書学者や神学者、エコロジストが聖書解釈のための環境正義の原理を研究するために集まりアース・バイブル・プロジェクトが始まりました。また、2010 年ごろにはイギリスのエクセター大学でも、キリスト教環境倫理の分野で聖書をどう読むかを研究するプロジェクトが始まりました。

　さて聖書学者リチャード・ボウカムは、『聖書とエコロジー』（2010 年）や『他の被造物とともに』（2011 年）を出版し、エコロジカル聖書解釈の動きに一石を投じました。彼は、リン・ホワイトの言う人間中心主義や二元論は、聖書そのものにではなく、ギリシア哲学やルネサンスの人間観というレンズを通した聖書解釈にあると考えます。彼は、「地を治めよ」という神の命令を人間が自然を支配することとする解釈は、人間と自然の関係をギリシア的に理解するこれまでの（人間中心主義的）聖書解釈によるものであると指摘します。ですから、これからの

聖書解釈は、人間も神の被造物の一部であり、すべての被造物は神の栄光のために存在していると捉える神中心主義的であるべきであると主張します。

エコロジカル聖書解釈の方法

　エコロジカル聖書解釈は定まった方法があるわけではありません。本書でも執筆者によって、聖書の読み方が違います。エコロジカル聖書解釈を実践する人の間で共通していることは、聖書テクストそのもの、あるいは、その解釈に見られる人間中心主義と二元論を明らかにしようとすることと、聖書を読むことを通して環境正義を訴えるということです。さらにこの立場に立つ研究者は、フェミニスト聖書解釈やエコフェミニスト神学から示唆を受け、時には生態学や気候学といった自然科学から学びつつ聖書を解釈します。

　なお、参考文献にあげたゲルハルト・リートケ、荒井献、柏井宣夫、月本昭男、山我哲夫の論文は、エコロジカル聖書解釈と銘打ったものではありません。ですが、これらの論文はこれまでの聖書学の方法で聖書を解釈することで、私たちが持つ人間中心主義的かつ二元論的な世界観を覆そうと試みています。私たちは、このような研究もエコロジカル聖書解釈の範疇に含めたいと考えています。

　先述のアース・バイブル・プロジェクトの解釈は、フェミニスト解釈が提起した「懐疑の解釈学」を取り入れて、聖書テクストに人間中心主義的かつ二元論的な世界観を明らかにし、聖書の読みを環境正義の原理に結びつけようと試みます。大澤香さんによる章で改めて説明されます。また、エクセター大学プロジェクトは文学批評という方法を用いる研究者が多いです

が、聖書解釈を環境倫理に結びつけます。アース・バイブルと
エクセター・プロジェクトは対立しているというより、補完し
あっているという印象があります。

　さらに、エコフェミニスト神学者たちは、これまでの聖書解
釈が人間中心主義的かつ男性中心主義的な社会構造を正当化し
ている点を批判します。また、人間中心主義的な世界観ととも
に家父長制的な社会規範を正当化する聖書テクストを明らかに
し、それを預言者的解放の伝統を規範にして解釈しようと試み
ます。ここで言う「預言者的解放の伝統」とは、聖書の預言者
たちが今抑えつけられたり奪われたりしている人々や自然世界
が解放される未来を示してきたことを指します。

　本書の各章の執筆者は、それぞれ異なる方法で聖書の箇所を
読んでいますが、共通点は聖書テクストそのものあるいはこれ
までの解釈にみられる人間中心主義や二元論的世界観を明らか
にし、それを克服する人間観・自然観を提起し、環境正義の確
立を目指すことにあります。読者には、それぞれの執筆者がど
のような方法で聖書テクストを解釈しているかにも、注目して
読んでいただけたらと考えています。

　なお、本書では、聖書の引用は特に断りがない場合、聖書協
会共同訳を用いています。また、本文中の聖書の略語は聖書協
会共同訳の目次にしたがっています。

本書のなかで用いられる用語集

【エコフェミニスト神学】

　エコフェミニズムは、人間による自然世界の破壊と男性による女性の身体や性の支配が、同じ家父長的・男性優位のものの見方・考え方（＝世界観）よるものであることに着目し、このような（人間による）自然支配と（男性による）女性支配からの解放を目指す実践的な思想です。このエコフェミニズムを導入した神学をエコフェミニスト神学と言います。このエコフェミニスト神学は、自然世界のなかで人間を優位に置き、人間のなかで男性を優位に置く世界観に代わって、神に創造されたすべてのもの——人間、動物、植物、大地、海、宇宙など——が神の「ひとつの聖なる身体」に包まれていて、その身体を構成していると考え、この視点から聖書の解釈を試みます。

【環境正義】

　「環境正義」（Environmental Justice）とは、肌の色の違いや貧富の差、国籍、セクシュアリティといったことに関係なく、公平に扱われ、安全な環境で暮らすことを目指す概念です。私たちの社会では、裕福な人々が安全で快適な環境に暮らし、人種的マイノリティや貧しい人々が危険な環境で暮らしています。例えば、第一世界が使用した核エネルギー施設の廃棄物の「最終処分場」がグローバルサウスに建設されています。このような不公平を味わっている人たちの視点で環境問題に取り組む姿勢が、この「環境正義」という言葉に含まれています。

【地球（Earth）】

　アース・バイブル・プロジェクトでは、定冠詞 the をつけない Earth は、神に造られたものすべて、動植物、地、海、山、川、石、土……日本語で言う『山川草木』や『森羅万象』（創 2:1）に近い意味を持ちます。ここでは「地球」としました。

このテーマに関係する文献

【エコロジーと聖書を結びつける研究】

荒井献「聖書の自然観」『聖書のなかの差別と共生』岩波書店、1999 年、105-146 頁。

大河原礼三「聖書における自然——エコロジーの課題を考える」『聖書におけるエコロジーと人権』不二出版、1999 年。

大貫隆『神の国とエゴイズム——イエスの笑いと自然観』教文館、1993 年。

柏井宣夫『旧約聖書における創造と救い』日本基督教団出版局、1990 年。

関西学院大学キリスト教と文化研究センター、樋口進編『自然の問題と聖典　人間の自然とのより良い関係を求めて』キリスト新聞社、2013 年。

富坂キリスト教センター編『エコロジーとキリスト教』新教出版、1993 年。とくに、高木仁三郎「聖書は核を予見したか」。

月本昭男「『原初史』にみる人間と自然」『聖書を読む——旧約篇』岩波書店、2005 年。

バーチ、チャールズ／フィッシャー、ルーカス『動物と共に生きる』岸本和世訳、日本キリスト教団出版局、2004 年。

光浦永光『聖書と農——自然界の中の人の生き方を見直す』新教
　　出版社、2021 年

山我哲雄『旧約聖書における自然・歴史・王権』教文館、2022 年。

ヨアスタッド、マリ『旧約聖書と環境倫理——人格としての自然
　　世界』魯恩碩訳、教文館、2023 年。

リートケ、ゲルハルト『生態学的破局とキリスト教——魚の腹の
　　中で』安田治夫訳、新教出版社、1989 年。

【リチャード・ボウカム】

Bauckham, Richard. *Living with Other Creature: Green Exegesis and
　　Theology.* Waco, TX: Baylor University Press, 2011.

ボウカム、リチャード著『聖書とエコロジー——創られたものす
　　べての共同体を再発見する』山口希生訳、いのちのことば社、
　　2022 年。

【アース・バイブル・プロジェクト】

Habel, Norman C., and Peter Trudinger, eds. *Exploring Ecological
　　Hermeneutics.* Atlanta: SBL press, 2008.

Habel, Norman C., David Rhoads, and H. Paul Santmire, eds. *The
　　Season of Creation: A Preaching Commentary.* Minneapolis, MN:
　　Fortress, 2011.

【アース・バイブル・プロジェクトによるシリーズ】

Habel, Norman C. and Shirley Wurst, eds. The Earth Bible Series. Vols.
　　1-5. Sheffield: Sheffield Academic, 2000-2002.

Habel, Norman C. The Earth Bible Commentary Series. London: T&T
　　Clark, 2017.

【エコフェミニスト神学】

Gebara, Ivone. *Longing for Running Water: Ecofeminism and Liberation*. Minneapolis, MN: Fortress, 1999.

Primavesi, Anne. *From Apocalyptic to Genesis: Ecology, Feminism and Chrisianity*. Minneapolis, MN: Fortress, 1991.

Ruether, Rosemary Radford. *Gaia and God: An Ecofeminist Theology of Earth Healing*. San Francisco: HarperOne, 1992.

マクフェイグ、サリー『ケノーシス──大量消費時代と気候変動危機における祝福された生き方』山下章子訳、新教出版社、2020 年。

【エクセター大学プロジェクト】

Horrell, David G., Cherryl Hunt, Christoher Southgate, and Francesca Stavakopulou, eds. *Ecological Hermeneutics: Biblical, Historical and Theological Perspectives*. New York: T&T Clark, 2010.

Horrell, David G., Cheryl Hunt, and Christopher Southgate, eds. *Greening Paul: Reading the Apostle in a Time of Ecological Crisis*. Waco, TX: Baylor University Press, 2010.

【エコロジカル神学】

Conradie, Ernst M. and Hilda P. Koster, eds. *T&T Clark Handbook of Christian Theology and Climate Change*. London: T&T Clark, 2020.

Hessel, Dieter T. and Rosemary Radford Ruether, eds. *Christianity and Ecology: Seeking the Well-Bing of Earth and Humans*. Cambridge: Harvard University Press, 2000.

Kim, Grace Ji-Sun and Hilda P. Koster, eds. *Planetary Solidarity: Global Women's Voices on Christian Doctrine and Climate*

Justice. Minneapolis, MN: Fortress, 2017.

Marlow, Hilry, and Mark Harris, eds. *The Oxford Handbook of the Bible and Ecology*. Oxford: Oxford University Press, 2022.

Schade, Leah D. *Creation-Crisis Preaching: Ecology, Theology and the Pulpit*. St. Louis, MO: Chalice, 2015.

教皇フランシスコ『回勅ラウダート・シ──ともに暮らす家を大切に』瀬本正之・吉川まみ訳、カトリック中央協議会、2016 年。

教皇フランシスコ『使徒的勧告ラウダーテ・デウム──気候危機について』瀬本正之訳、カトリック中央協議会、2023 年。

日本カトリック司教協議会『今こそ原発の廃止を』編集委員会編『今こそ原発の廃止を──日本のカトリック教会の問いかけ』カトリック中央協議会、2016 年。（第 3 部第 1 章 1）

【RCC エコロジカル聖書解釈プロジェクトメンバーによる研究】

Azuma, Yoshimi. "A Japanese Ecofeminist Reading of John 1:14." Pages 109-122 in *Reading the New Testament in the Manifold Contexts of a Globalized World: Exegetical Perspectives*. Edited by Eve-Marie Becker, Angela Standhartinger, Florian Wilk and Jens Herzer. Vol. 32 of Neutestamentliche Entwürfe zur Theologie. Tübingen: A. Francke, 2022.

東よしみ、大宮有博「エコフェミニスト神学における聖書の位置付け──ローズマリー・ラドフォード・リューサーとイヴォーネ・ゲバラから」『関西学院大学キリスト教と文化研究』21 号 2020 年、31-48 頁。

大宮有博「エコロジカル聖書解釈とは何か」『関西学院大学キリスト教と文化研究』19 号 2018 年、99-11 頁。

大宮有博「安息日のエコロジカル解釈」『関西学院大学キリスト

教と文化研究』24号2023年、1-23頁。

大澤香「第二神殿時代ユダヤ教の他者受容の基盤としての『創造』」『神戸女学院大学論集』69号2022年、49-61頁。

大澤香「地（ארץ）のイメージ的所産と捕囚後イスラエルの自己理解」『関西学院大学キリスト教と文化研究』22号2021年、1-22頁。

執筆者を代表して　大宮有博

目次

エコロジカル聖書解釈の視点で読む安息日

大宮有博

はじめに

旧約聖書の律法は、週の七日目——金曜日の日没から土曜日の日没まで——を安息日として聖別するように定めています。今でも世界中のユダヤ人がこの日を大切にしています。また、アメリカで生まれたキリスト教の一派であるセブンスデーアドベンチストもユダヤ人と同じように安息日を守ります。

安息日を守る人たちは、この日に仕事をしません。また、不要な旅行もしません。この日の朝、ユダヤ人は会堂に集まり礼拝をし、一日、家族とともに過ごします。かなり保守的なユダヤ人は、安息日に「火をたいてはいけない」(出 35:3) という聖書の言葉から、この日に火を使った料理をしないどころか、電子レンジやテレビ、パソコンなどのスイッチもいれたりしません。

キリスト教は勤勉を勧める宗教なのに、旧約聖書はすべての人に週に一回必ず休むよう命じています。この命令は旧約聖書が証しする神ヤハウェを信じる者たちだけではなく、「地球」(Earth)(※『はじめに』の用語集参照)の隅々に及びます。そして、この安息日をめぐる法は、地球温暖化に直面した現代における環境正義(※『はじめに』の用語集参照)の呼びかけとして読むこともできます。

1. 十戒で定められた安息日

　十戒は出エジプト記 20 章と申命記 5 章に記されています。この十戒の目的はエジプトから解放された人々に、約束の地カナンでつくる新しい社会の道徳モデルを示すことです。その十戒の第四戒が安息日についての制定です。

> 安息日を覚えて、これを聖別しなさい。六日間は働いて、あなたのすべての仕事をしなさい。しかし、七日目はあなたの神、主の安息日であるから、どのような仕事もしてはならない。あなたも、息子も娘も、男女の奴隷も、家畜も、町の中にいるあなたの寄留者も同様である。<u>主は六日のうちに、天と地と海と、そこにあるすべてのものを造り、七日目に休息された。それゆえ、主は安息日を祝福して、これを聖別されたのである。</u>（出 20:8-11　下線は筆者による）

> 安息日を守ってこれを聖別し、あなたの神、主が、あなたに命じられたとおりに行いなさい。六日間は働いて、あなたのすべての仕事をしなさい。しかし、七日目はあなたの神、主の安息日であるから、どのような仕事もしてはならない。あなたも、息子も娘も、男女の奴隷も、牛やろばどのすべての家畜も、町の中にいるあなたの寄留者も同様てある。そうすれば、男女の奴隷も、あなたと同じように休息できる。<u>あなたはエジプトの地で奴隷であったが、あなたの神、主が、力強い手と伸ばした腕で、あなたをそこから導き出したことを思い出しなさい。そのため、あなたの神、主は、安息日を守るようあなたに命じられたのである。</u>（申 5:12-15　下線は筆者による）

　この第四戒は、出エジプト記20章においても申命記5章においても、「神を敬いなさい」（申6:4-5; マコ12:29-30 参照）という一言で表される第一から第三の戒めと、「自分を愛するようにあなたの隣人を愛しなさい」（レビ19:18; マコ19:18 参照）という一言で表される第五から第十の戒めを収れんする要（かなめ）です。つまり、十戒によれば、神を敬うことは安息日を守ることであり、隣人を自分のように愛すること（＝大切にすること）は自分と同じように隣人にも安息日の休息を認めることなのです。

　では、安息日は何を記念する日なのでしょうか。出エジプト記の十戒は、安息日を聖別する理由を「主は六日のうちに、天と地と海と、そこにあるすべてのものを造り、七日目に休息された」からであるとしています。言い換えると、安息日は創造の記念日です。ですからイスラエルの人々だけではなく、すべての人々、さらには神によって造られた「地球」全体がこの安息日の休息に招かれています。

　他方、申命記の十戒は、「あなたはエジプトの地で奴隷であったが、あなたの神、主が、力強い手と伸ばした腕で、あなたをそこから導き出したことを思い出しなさい。そのため、あなたの神、主は、安息日を守るようあなたに命じられたのである」と述べています。安息日は神がエジプトの最も貧しい人々・弱い人々を解放したことを記念する日です。ですから、その時にエジプトから解放された人々をルーツに持つイスラエルの人々は言うまでもなく、今、差別や暴力を受けている人々そして経済的に搾取されている人々がこの安息日の休息に招かれています。

　出エジプト記にも申命記にも、安息日の休息に招かれている

もののリストがあります。両者のリストをならべてみると、両者の文言がよく似ていることがわかります。

あなたも、息子も、娘も、男女の奴隷も、
　　　　家畜も、町の中にいるあなたの寄留者
　　　　　　　　　　出エジプト記 20 章

あなたも、息子も、娘も、男女の奴隷も、
牛、ろばなどすべての
　　　　家畜も、町の中にいるあなたの寄留者
　　　　　　　　　　申命記 5 章

　まず、出エジプト記の十戒も申命記の十戒も、まず、「あなたも、息子も、娘も」とあるように、イスラエルの家の者たちを安息日に招きます。「息子も、娘も」は、男性も女性も安息日に招かれていることを意味します。

　次に、「男女の奴隷」と「町の中にいるあなたの寄留者」が安息日の休息に招き入れられます。申命記の十戒は、その理由を「あなたはエジプトの地で奴隷であったが、……あなたの神、主が……あなたをそこから導き出したことを思い出」すためだと述べています。また、旧約聖書の法は、「あなたたちもエジプトの国で寄留者であったのだから、寄留者を虐待したり、圧迫したりせずに、自分自身のように大切にしなさい」とくりかえし命じます（出 22:20; 23:9; レビ 19:34; 申 10:19; 23:8; 26:5）。寄留者とは外国人とかよそ者という意味です。寄留者は、血縁を大切にする古代世界の町や村で疎んじられました（参照：申

24:19; エレ 22:3)。そのため寄留者の社会的立場は弱く、貧しかったようです。聖書は社会的な弱者である奴隷と寄留者こそが安息日に休息すべきであると述べています。

　さらに、注目すべきことは、安息日に牛やろばなどの家畜が招かれていることです。ここで「家畜」と訳されているベェヘーマーは、ヘブライ語の辞書を見ると、「動物」と訳す箇所もあります（大宮 2023: 7 頁）。申命記の十戒は、安息日に休まなければいけない「動物」の具体例として「牛、ろば」を挙げています。「牛、ろば」は他の家畜——例えば、羊ややぎ——と違って、物や人を運んだり、石臼を引いたり、畑を耕す鋤を引かされたりと重労働を負わされました。しばしば鞭や棒で殴られることもありました（民 22:20-35; 箴 26:3; シラ 33:25）。人間に酷使され暴力を振るわれている動物の姿は、エジプトで重労働につく過去の自分たちの姿に重なります。それゆえに人間に使役される動物は、安息日に過酷な労働から解放されなければならないと定められているのです。

　十戒以外の安息日についての法では「六日間はあなたの仕事をし、七日目には休みなさい。そうすれば、あなたの牛やろばは休みを得、女奴隷の子や寄留者は一息つくことができる」（出 23:12）とあります。創造の記念日であり解放の記念日である安息日は過酷な扱いを受ける社会的弱者と動物が労働から解放されるのです。

　この世を創造された神は、エジプトで虐げられた人々を解放した神です。そしてその神は今も酷使され暴力を振るわれている命あるものすべてとともにおられる存在です。その神が安息日の休息によって「地球」を一つにしようとするのです。

2. 安息日のルーツとなる二つの物語

　ここで安息日の原点にある創世記の第七の日についての記述（創 2:1-3）とマナの物語（出 16 章）を読んでみましょう。

2.1. 創造週の第七の日

　創世記 1 章 1 節から 2 章 3 節 a までの創造物語によると、神は「天と地とその森羅万象」（創 2:1）を 7 日で完成させました。神は、第七の日に安息し、造られたものすべてを祝福し、聖別することでこの世界の創造を完成させました（出 20:11）。この第七の日こそが、神によって造られた世界（宇宙）の理想の姿なのです。そして安息日の示す環境正義はこの創造の第七の日に世界を向けることなのです（この点は 3. で改めて述べます）。

　この創造の第七の日の場面は、安息日がイスラエル人に対する命令となることを前提として書かれたものではありません。しかし、出エジプト記の十戒や安息日法は、この創造の第七の日を安息日のルーツとすることで、この日に完成された「天と地、そしてその森羅万象」（創 2:1）を安息に招き入れているのです。そして、この安息日を守ることこそが、神の創造の秩序に調和しているというのです。

2.2. マナの物語（出 16 章）

　出エジプト記 16 章によると、イスラエルの民はエジプトを脱出するやいなや、食べ物がないと不平を鳴らしました。すると神はマナという食べ物を与えました。このマナは、イスラエルの民が荒野を旅する間、絶えることなく与えられました。イスラエルの民はマナを得るためにしないといけないことは何もありませんでした。言い換えると、マナは神からの一方的な恵

みだったのです。

　神はマナを共有するためのルールを示しました。このルールは神がイスラエルの民に与えた最初の法です。そのルールは「毎日一日分だけ集める」（出 16:4）ことでした。そして、民がこのルールを破って、必要以上集めてそれを蓄えようとしても、それは腐ってしまいます。マナを余計に集めれば、それは私有財産となり、いずれ貧富の差が生じます。エジプトで貧しさと過酷な労働にあえいでいた民を解放した神は、脱出した民の間に格差が生まれることを望んでいません。マナのルールはその神の意思を明確に示すものです。

　次にマナを集める指図の中で安息日に関することがていねいに示されています。民は週のうち 5 日間はその日に食べる分だけ集め、6 日目だけ 2 日分集めるのです。民は 6 日マナを集めれば 7 日食べられると信じる信仰を求められました。言い換えると、マナの物語において安息日を守ることとは、神は必要なものを恵みとして必要な分だけ与えるということを固く信頼することの表明です。このように信じる人は、与えられた恵みを必要以上に集めて独占しません。むしろ、生きるために必要なものを被造物でわかちあうことができます。

　私たちが生きるために必要とする資源は、すべて神からの一方的な恵みです。私たちはそれを必要以上に掘り出したり、切り出したり、汲みだしたり、獲ったりしています。それはいつかなくなるかもという不安や、自分たちだけは豊かに暮らしたいという自己中心的な思いが背後にあるからなのではないでしょうか。ですから 6 日分の生産で 7 日間生きられるという信仰（神を信頼すること）のもとで、神が人に与えた恵みを、わかちあわれなければならないのです。

3. 正義を回復するみちすじ：安息日・安息年・ヨベルの年

　旧約聖書に収められている法典である契約の書（出エ 20:22-23:33）と神聖法典（レビ 17-26 章）には、安息日に関する法が安息年やヨベルの年と併記されています。

　まず、契約の書は、安息日の法と安息年の法を併記し一つに結びつけています（出 23:10-13）。ここでは安息日は牛やろばが休み、奴隷や寄留者が元気を回復する日とされています。そして安息年——ここでは「安息年」という言葉は用いられていません——とは、7 年ごとに畑を休ませることです。この年の土地の実りは「あなたの民の乏しい者が食べ、残りを野の獣に食べさせる」とあります。

　この土地の安息について、2 つのことを指摘します。まず、まくことも刈ることもせずに自然に実ったものを、人と動物とがわかちあう様子は、創世記 1 章 29-30 節が描く「すべて命あるもの」（創 1:30）が草木をわかちあう神に造られた「地球」の原初の姿を映しています（イザ 11:6-9 も参照）。また、7 年ごとの安息年の収穫は、その土地の所有者のものではなく、神のものとなります。神は貧しい者のただなかにおられて、その貧しい者の視点でこの世界を見、その世界を回心へと導く方です。ですから地の実りは、何の財産も持たない乏しい者と野の獣のものとなるのです。

　契約の書の他の箇所では、奴隷は 7 年目に解放されなければならないと定めます（出 21:2）。同じ民が奴隷となるのは、負債を返せなかった場合です。また、申命記は「七年の終わりごとに負債を免除しなければならない」（申 15:1-11）と定めます。安息年は負債を免除する年でもあったのです。申命記 15 章は「隣人や同胞から取り立ててはならない」（3 節）が、「外国人から

は取り立ててもよい」（3節）としています。これは外国人にお金を貸すことがビジネスであるのに対して、隣人にお金を貸すことは「人助け」でなければならないからです（Lowery 2000: 38-40）。安息年ごとに負債が免除されるなら、人は最長6年で返せる額しかお金を貸さなくなります。そうなれば、返せない額のお金を貸して、返せなくなった人から土地や家畜、身体を収奪する人はいなくなります。そして、負債のために貧困に陥る人もいなくなります。

　次に、神聖法典は、安息日・安息年にヨベルの年を加えることで、環境危機に直面して何もできずに硬直する世界を革命的に変革するみちすじを、私たちに示します。ヨベルの年とは、休耕年である安息年が7回くりかえされた次の年（50年目）のことです。この年、返せなかった借金の担保に取り上げられた土地が元の持ち主に返されます。これは土地が神のものであって、究極的には誰にも所有されないという土地に関する理念を表しています（レビ25:23）。その土地に生きる動物も、地の実りも、資源も、究極的には人間のものではなく神のものであり、マナと同じように神からの恵みなのです。ですから、それを独り占めして自分の財産としてはいけないのです。

　ヨベルの年はイスラエルの理想を表すものです。ヨベルの年は、もしかしたら本当に実行されたことはなかったかもしれません。しかし、もし実行されたとしたら、法外な利子をつけて破産した人から担保である土地を取り上げても、ヨベルの年になるとその土地をその子や孫に返さないといけません。理論上、貧富の差は50年ごとにリセットされることになります。

　安息日・安息年・ヨベルの年は、環境危機に直面する私たちに次のようなメッセージを送っています。まず、これら一連の法は、イスラエルだけでなくすべての人々、とりわけ貧しさの

なかにある人たち、動物、土地といった神に造られたあらゆる
ものを安息に招くことで、人間中心の世界観を退けます。次に、
これらの法は、この世界が創造された最初の週の第七の日に戻
すことを正義として示しています。そしてこの法に基づいて、
安息日を7日ごとに、安息年を7年ごとに、そしてヨベルの年
を50年ごとに実行すれば、世界は神によって創造された最初
の週の第七の日に戻れるのです。さらに、2022年の国連気候
変動会議で、返済困難なほどの債務を負うグローバルサウスの
国々から、先進国の発展のつけを平等に背負わされることに対
する不満が出ました。このことからわかるように、負債免除と
しての安息年・ヨベルの年の理念は、環境正義の実現に不可欠
なものです。

4. 安息日は「地球」のために

　マルコによる福音書には、イエスとファリサイ派の人々が安
息日をめぐって論争する2つの場面が収められています。最初
の場面はファリサイ派の人々が、安息日にイエスの弟子たちが
麦の穂を摘んだことを、安息日に働いたとして、イエスに詰問
するというものです（マコ2:23-28）。そして次の場面は、安息
日に人を癒すことが許されるかということについて、イエスが
ファリサイ派の人々に論争を挑むというものです（3:1-8）。
　いずれの場面においてもイエスは、安息日の本来の意味を回
復しようとしています。まず、第一の場面のイエスの言葉「安
息日は人のためにあるのであって、人が安息日のためにあるの
ではない」（2:27）は、安息日は「あなたの牛やろばは休みを得、
女奴隷の子や寄留者は一息つくことができる」（出23:12）ため
にあるのに、それが今では詳細な規則でユダヤ人を縛っている

という批判の言葉です。

　「安息日は人のためにある」の「人（アンスローポス）」は、ユダヤ人だけではなく人間全体を指します。ですからイエスの念頭にあるのは、出エジプト記 20 章の十戒のいう創造の記念日としての安息日のことです。

　そして「人の子は安息日の主である」（マコ 2:28; マタ 12:8; ルカ 6:5）の「人の子」は、イエスを指していると考えることもできますが、前節の「安息日は人のためにある…」とのつながりから、人間一般を指していると考えたほうがよいでしょう。つまり、安息日は人間のためにあるのですから、人間は安息日の「主」あるいは「管理者」つまり安息日の本義を守る者であるのです。

　次の場面のイエスの言葉「安息日に律法で許されてれいるのは、善を行うことか悪を行うことか、命を救うことか、殺すことか」（3:4）も、先の言葉と同様、安息日の本来の意味が失われていることを批判するものです。ここでいう「命」（プシュケー）とは、単なる生物学的な「命」ではありません。「命」（プシュケー）なくしては人間であれ動物であれ、その存在は肉と骨の寄せ集めにすぎず、命ある存在として機能することのできないものです。「魂」とも訳せます。安息日は、本来、病や貧困でその存在が危機となる人の魂、存在の尊厳が回復されるための日なのです。

　「安息日は人のためにある……」「人の子は安息日の主である」という言葉は、イエスが安息日の範囲を人間に限定していたと考えてしまうかもしれません。ですが、安息日に善を行うことと命を救うことはかなっているという言葉は、人間を超えてあらゆる命ある存在の尊厳を取り戻すための日という「地球」を包括する安息日理解をイエスが持っていたから言える言葉な

のです。

　また、イエスは神が人間だけではなく、すべての被造物すなわち「地球」の神であることを知っていました。マタイによる福音書には、「今日は生えていて、明日は炉に投げ込まれる野の草でさえ、神はこのように装って下さる」（マタ 6:30）や「二羽の雀は一アサリオンで売られているのではないか。だが、その一羽さえ、あなたがたの父のお許しがなければ、地に落ちることはない」（マタ 10:29）といったイエスの言葉がそのことを示しています。そのようなイエスが安息日から人間以外の被造物を排除しているとは考えられません。

むすび

　安息日に関する聖書テクストは現代の私たちにどのようなメッセージをおくっているでしょうか。安息日の法に「安息日には、あなたたちの住まいのどこでも火をたいてはならない」（出 35:3）というものがあります。人間は火を使って生きてきました。そして産業革命以降、人間は化石燃料を燃焼させてエネルギーをつくり、そのエネルギーで大量のモノを生産してきました。「火をたくこと」は人間の生産活動を象徴しています。そして、「あなたたちの住まい」は人間が生きる「地球」を指していると捉えられます。ですから、人間が「安息日の主（管理者）」として安息日を守るということは、エネルギーの消費を少なくとも 7 分の 1 減らすことであるといえます。

　人間が今のペースで大量生産を続ければ、「地球」は安息を得られません。安息日の法は、環境危機に乗り越えるために、個人主義的で自己中心的な生き方を放棄して、いのちあるすべてのものとともに「豊かな生」を生きる生き方に私たちを招

いています。(エコフェミニスト神学者のマクフェイグは、このようなライフスタイルを『ケノーシス』と呼びます。[マクフェイグ 2022: 61 頁])

　そして、この安息日・安息年・ヨベルの年に関する法は、神に造られた「地球」は神とともに「ひとつの聖なる身体」のなかにあるという世界観を示します(Gebara 1991: 83-92)。神が第七の日に休息されたのと同じように休息するように求められているのは、人間だけではありません。人間の生産活動によって種を減らしている動物も植物も、人間と同じように安息日に招かれています。

　そして、人間の生産活動によって収奪されている地も 7 年ごとの安息年になると休むのです。この地の安息とは、地の実りは誰にも収奪されず、すべての人と動物によってわかちあわれることを意味しています。そしてヨベルの年は、「地は神のものである」(レビ 25:23) ことを宣言する年です。

　この安息日・安息年・ヨベルの年の世界観は、私たちの認識にこびりつく、自然は人間のためにあるという人間中心の世界観と、神を頂点にして、人間がいて、自然があるというヒエラルキー的な世界観に挑戦します。このような世界観に対してこの法は、地もその上の「すべての命あるもの」も等しく神の安息に招かれており、神とともに「ひとつの聖なる身体」になるという世界観を私たちに提供しています。

Discussion Questions

1. マナの出来事(出 16 章)と「わたしたちの日ごとの糧を今日もお与えください」という主の祈りの言葉を結びつけながら、これらが私たちにどのようなライフスタイルを勧めているかを考えてみましょう。

2. もし安息日・安息年・ヨベルの年が世界中で実行されたら、この世界はどう変わるかを考えてみましょう。メリットもデメリットもあると思います。話し合ってみましょう。

3. 安息日・安息年・ヨベルの年が私たちに語りかける環境正義を一般的な環境正義と比較し、どの点が一致し、どの点が異なるかを考えてみましょう。

参考文献

大貫隆『マルコによる福音書』リーフ・バイブル・コメンタリー、日本キリスト教団出版局、1993 年。

鈴木佳秀『出エジプト記 19-40 章』VTJ 旧約聖書注解、日本キリスト教団出版局、2018 年。

鈴木佳秀『申命記』VTJ 旧約聖書注解、日本キリスト教団出版局、2022 年。

月本昭男『創世記 1』リーフ・バイブル・コメンタリー、日本キリスト教団出版局、1996 年。

月本昭男「ヨベルの年の現代的意義」『見えない神を信じる──月本昭男講演集』日本キリスト教団出版局、2022 年、50-61 頁。

マクフェイグ、サリー『ケノーシス──大量消費時代と気候変動危機における祝福された生き方』山下章子訳、新教出版社、2022 年。

Bruggemann, Walter. *Sabbath as Resistance*. New Edition with Study Guide. Louisville: Westminster John Knox Press, 2014.

Gebara, Ivone. *Longing for Running Water: Ecofeminism and Liberation*. Minneapolis: Fortress, 1999.

Lowery, Richard H. *Sabbath and Jubilee*. St. Louis: Chalice, 2000.

Lowery, Richard H. "Biblical Sabbath as Critical Response in an Era of Global Pandemic and Climate Change." *The American Journal of Economics and Sociology* 80.5 (2021): 1259-1493.

Ucko, Hans, ed. *The Jubilee Challenge: Utopia or Possibility?* Geneva: WCC Publications, 1997.

Wallance, Howard N. "The Rest for the Earth? Another Look at Genesis 2.1-3." Pages 49-59 in *The Earth Story in Genesis.* Vol. 2 of The Earth Bible Series. Edited by Norman C. Habel. Sheffield: Sheffield Academic, 2000.

※本稿は著者の「安息日のエコロジカル解釈」『関西学院大学キリスト教と文化研究』24 号 2023 年、1-23 頁を一般読者向けに書き改めたものです。

「地球」の声を聞く
——エコロジカル聖書解釈の視点で読む「バラムとろば物語」——

大宮有博

はじめに

みなさんは「ろば」にどんなイメージを持っていますか。英語でろばは donkey とか ass といいますが、この言葉には、「おろか」「まぬけ」「性欲が強い」といったネガティブなニュアンスもあるそうです。『イソップ物語』に登場するろばは、たいてい頑固でまぬけです。ですが聖書に登場するろばは、人間や重い荷物を運んだり、畑を耕したりと働き者です。この章では、そのろばが人間の言葉を話すという「バラムとろば物語」（民22:22-35）を扱います。この章では、アース・バイブル・プロジェクトが用いるエコロジカル聖書解釈の手法で、「バラムとろば物語」を読むことによって、人間に使われる動物が人間にどのようなメッセージを送っているのかを考えます。本章では、まずアース・バイブル・プロジェクト（※『はじめに』参照）が用いるエコロジカル聖書解釈の手順を説明します。それから、その手順にしたがってこの物語を読みます。

1. エコロジカル聖書解釈の手順

アース・バイブル・プロジェクトに参加する多くの聖書学者は、聖書にこめられた「地球」（Earth）（※『はじめに』の用語集参照）の声を回復し、その声を規範とした環境正義（※『はじめに』

の用語集参照）を打ち立てるために、懐疑・同一化・回復の三段階を経て聖書を解釈します（Habel 2008: 3-8）。この手順はフェミニスト聖書解釈に学んだものです。フェミニスト聖書解釈は、聖書が内包する家父長制的社会構造を見抜いて批判し、その聖書のなかに隠された男性社会に奪われた女性の声を回復することを試みます。エコロジカル聖書解釈は、このフェミニスト聖書解釈に倣って、聖書テクストから人間中心主義や二元論を見つけ出し、人間社会に奪われた「地球」の声を回復しようとします。

　それでは懐疑・同一化・回復の三段階を、順を追って説明します。まず、懐疑とは、聖書テクストあるいはこれまでの聖書解釈にこめられた人間中心主義や二元論を明るみにすることです。ほとんどの聖書の物語は人間と人間あるいは人間と神との間のやり取りで物語が進みます。そのような物語において、「地球」——例えば海や、土地、家畜、人の中でも声を奪われた貧しい人々——は、セリフ（＝言葉）のない脇役、あるいは舞台の背景か小道具といった描かれかたです。そして「地球」は、人間に使われて価値があり、そのものがそのもののままで持つ価値（＝本質的価値）は認められていません。そういうものを聖書やこれまでの聖書解釈のなかから見つけだして、焦点を当てるのが、エコロジカル聖書解釈の最初のステップである懐疑です。

　次に、同一化です。同一化とは共感的理解のことです。すなわち、聖書の読者が人間によって搾取され抑圧されている被造物に同一化してテクストを読むことです。例えば想像力をふくらまして、動物になりきってノアの箱舟の話を読んでみましょう。このように「地球」に共感しながら聖書を読んでみたら、人間も含めた「地球」の有機的つながりや、はたまた人間の「地

球」に対する暴力的支配にも気づくことができるのではないでしょうか。

　最後に回復です。エコロジカル聖書解釈では、神によって造られた「地球」（世界やそこに存在する被造物）は人間の言葉をもっていませんが、様々な形で神に祈り、人間にメッセージを送っています。例えば動物は、逃げたり、噛んだり、座りこんだりして人間にメッセージを送っています。また、天災や気候などの変化も「地球」から人間へのメッセージととることができます。このように聖書にこめられた「地球」の声を聞こうとするのが、エコロジカル聖書解釈の最後のステップである回復です。

　このように聖書をエコロジカルに読んだ時、聖書の証しする神は人間の神ではなく、人間も含めた「地球」の神であるということができます。そして、神はイエスによって抑圧された女性や貧しい者たちと同一化されたのと同じように、人間に搾取される「地球」と同一化されるのです。

　次の節では、このエコロジカル聖書解釈の手順にのっとって、「バラムとろば」の物語を読みます。

2.「バラムとろば物語」（民 22:22-35）

　この「バラムとろば物語」は、民数記のなかでも独立した民数記 22-24 章の「バラクとバラム物語」——モアブの王バラクが預言者バラムにイスラエルを呪わせるが、それがかなわなかったという物語——のなかに収められた、さらに独立した挿話と考えられます。ミルグロムという学者はこの「バラムとろば物語」は何かの民話（folklore）をもとにした挿話ではないかと考えます（Milgrom 1990: 473-476）。確かに動物が人の言葉を話したりする話や、旅の道中でその旅を妨げる力（ここでは主の使い）が現れる

話は童話や民話によく見られます。例えば皆さんもよく知っている西遊記は、人間を超える力が旅を妨げても、旅に同行する動物が人間を守ります。

2.1. 懐疑

　この物語を読む時に、読みの焦点をバラム（＝人間）にあてるか、それともろば（＝動物）にあてるかで、物語のメッセージが変わります。この <2.1. 懐疑 > では、これまで多くの人がそうしたように、バラムに焦点をあてた読みが明らかにしたことと、その読みの限界を明らかにします。そのように読むと、この物語の筋は、モアブの王バラクに召喚されたバラムがイスラエルを呪いに旅に出たが、主の使いとの対話によって、神に従うことを改めて表明するというものです。言い換えると、バラムを回心に導いたのは、雌ろばではなく、主の使いです。

<バラク>

　モアブの王バラクは、この物語（民 22:22-35）には登場しません。ですが彼は、バラムが旅に出るきっかけを作りました。バラクはモアブの平野に侵入するイスラエルの民を、野の草を食いつくす牛やいなごといった人間を脅かす自然の力と同一視しました（民 22:4, 5 の言い回しを出 10:5, 15 と比較）。当時、天候や戦争をまじないの力で制御しようとすることはよくありました。ですから彼は、そのような力を持っていることで有名なバラムを召喚するために、使者に報酬を持たせて送りだしました。しかしバラムは、神の命令にしたがって、バラクの召喚を断りました。

　そこでバラクは「前より多くの、位の高い高官」(14 節)を送り、バラムの言い値で報酬を払う約束をしました。バラクは、バラ

郵便はがき

料金受取人払郵便

牛込局承認

9216

差出有効期間
2025年9月30日
まで
(切手不要)

162-8790
東京都新宿区新小川町9-1
キリスト新聞社 行

||ll·|||l·||||l·||l·ll||···|·|·|·|·|·|·|·|·|·|·|·|·|·|·|·|·|·||·|·|·|||

お買い上げくださりありがとうございます。
今後の出版企画の参考にさせていただきますので、ご記入のうえ、
ご返送くださいますようお願いいたします。

お買い上げいただいた本の題名

ご購入の動機　1. 書店で見て　2. 人にすすめられて　3. 出版案内
を見て　4. 書評(　　　　　　)を見て　5. 広告(　　　　　　)を見て
6. ホームページ(　　　　　)を見て　7. その他(　　　　　　　　)

ご意見、ご感想をご記入ください。

キリスト新聞社愛読者カード

ご住所　〒

お電話　　　　（　　　　）　　　E-mail

お名前　　　　　　　　　　　　　性別　　　年齢

ご職業　　　　　　　　　　　所属教派・教会名

キリスト新聞の見本紙
　　　　　　　　要　・　不要

このカードの情報は弊社およびNCC系列キリスト教出版社のご案内以外には用いません。
ご不要の場合は右記にてお知らせください。　　・キリスト新聞社からの案内　　要　・　不要
　　　　　　　　　　　　　　　　　　・他のキリスト教出版社からの案内　要　・　不要

ご購読新聞・雑誌名

朝日　毎日　読売　日経　キリスト新聞　クリスチャン新聞　カトリック新聞　信徒の友　教師の友
礼拝と音楽　本のひろば　福音と世界　百万人の福音　舟の右側　その他(　　　　　　　　)

お買い上げ年月日　　　　　年　　　　　月　　　　　日

お買い上げ書店名

　　　　　　　　　　　　市・町・村　　　　　　　　書店

ご注文の書籍がありましたら下記にご記入ください。
お近くのキリスト教専門書店からお送りします。
なおご注文の際には電話番号を必ずご記入ください。

ご注文の書名、誌名　　　　　　　　　　　　　冊数

　　　　　　　　　　　　　　　　　　　　　　　冊

　　　　　　　　　　　　　　　　　　　　　　　冊

　　　　　　　　　　　　　　　　　　　　　　　冊

ムが報酬をつりあげるために駆け引きをしていると考えたのです。バラクは自分の権力と富をもってすれば、神が定めた自然現象や歴史の定めをあやつることができると考えていました。このバラクの姿は、力（威信、技術、資本など）と富で自然を押さえつけようとする現代の人間の高慢さに通じています。

< バラム >

　この物語でバラムは愚かな道化方（役）です。彼は、神の言葉を取り次ぎ、祝福や呪いによって自然災害や戦争をあやつれても、その力は神が許した時にしか発揮できないことを自覚していました。しかし、バラクの使者が二度目の交渉で言い値の報酬を約束してきた時、バラムは再び神に伺いをたてることにしました（19節）。バラムは、自分の意思で自分の力を発揮できないことがわかっていても、神に交渉すればその力を使うことが許されると考えたのです。つまりバラムにも、バラクと同じ高慢さと愚かさがあったのです。

　バラムは、神の許しを得て、雌ろばに乗って旅に出ます。しかし、雌ろばは道をそれて畑に入ったり、石垣に体をおしつけたり、うずくまったりと彼の思い通りにならなくなります。自然をあやつる力を持つはずの彼がろばに翻弄される姿を、彼の二人の従者（22節）とバラクの高官たちも見ていたはずです。彼は恥ずかしさのあまり、「怒りに燃え」たのではないでしょうか。

　バラムはろばを（素手で）二度たたき、ついには杖で打ちました。素手と違って、杖で打つ時は手加減をしないと、相手に大けがをさせ、悪くすると命を奪うことにもなりかねません。自分にむかって杖をふりあげるバラムの姿は、雌ろばに恐怖心をうえつけたことでしょう。杖は、動物や弱い人間に労働を強

いたり（例：イザ 9:3; 10:24）、懲罰を加えたりするためにも用いられました（詩 89:33）。また人間は危害を加える動物と立ち向かう時に杖を使いました（サム上 17:43）。このようにバラムの杖は、この箇所において、動物や弱い民に対してふるわれる暴力と労働力の搾取を象徴していると解釈できます。

　バラムは、雌ろばが人間の言葉で「私を三度も打つとは」と抗議しても、まったく意に介しませんでした。普通であれば、動物が人間の言葉を話せば驚き、その言葉に耳を傾けるものです。しかし、彼は雌ろばが人間の言葉を話していることを気にするどころか、「私の手に剣があったら、今お前を殺していただろう」と、まるでろばの生殺与奪の権利を自分が持っているかのように主張します。

　このバラムの姿は、まるで独裁者であるかのようです。言葉を奪われ抑圧された存在は——人間に酷使される動物であれ、抑圧される人々であれ——、この雌ろばと同じように、言葉以外の方法で、自分たちが甘受するあらゆる収奪や暴力を抑圧者に訴えます。この存在の声なき声（言葉以外の方法で伝えられるようとするメッセージ）は、相手との深い関係性——互恵関係や共感的理解——がなければ伝わりません。また、ようやく声をふり絞って叫んでも、抑圧者はさらなる暴力でその声を沈黙させるのです。

　バラムは二つの点で愚かな道化方です。まず、彼は自然を従わせることができると思っていたのですが、自分の雌ろばすら従わせることができませんでした。次に、彼の雌ろばは懸命に彼の命を救おうとしているのに、彼はやっきになって危険に飛び込もうとしています。

　私たちはバラムを笑うことができません。なぜならば「地球」は自然災害（山火事や水害の増加）や地球温暖化による種の減少

や絶滅といったメッセージを送っているのに、私たち人間はそれに耳を傾けようとせず、むしろ技術でおさえつけて持続不可能な開発を続けているのですから。

＜主の使い＞

さて、聖書では、多くの場合、主の使いは神と同一視されます──例えば28節でそれまでの『主の使い』が『主』になっていることに注目──。そもそも神はバラムを殺すために立ちはだかりました。しかし、神はバラムが雌ろばに暴力を振るうのを見た時、彼女を守るために、まず彼女の「口を開いて」(28節) 彼女自身の言葉で抗議させ、次にバラムの「目を開いて」(31節) 自らの姿をバラムに現しました。この神の姿は、エジプトで虐げられたイスラエルの民を守るため、「口の重い者、舌の重い者」(出 4:10) であるモーセを通してファラオに抗議させた神の姿に重なります。例えば出エジプト記5章14-19節のやり取りは、この民数記22章28-30節のやり取りに似ています。

＜バラムの回心＞

バラムは主の使いとの対話によって、2つのことに気づきました。まず、彼は雌ろばに対して怒りを燃え上がらせていましたが (27節)、神は彼に対して怒りを燃え上がらせていました (22節)。次に、彼は雌ろばに、剣があればおまえを殺していたと言いましたが、剣で殺されそうになっていたのは彼の方でした。これらのことに気づいた彼は「私は罪を犯しました……」(34節) と告白し、回心を遂げることができたのです。ここでいう回心とは、自分が見えていなかったことを認め、それまでの行いと世界観を捨てることです。

＜このテクストに見られる人間中心主義＞

　このような読み方は、この物語をバラムの回心物語であることを明らかにしました。人間は自然に対して独裁者であるかのようにふるまい、自然が人間の思いどおりにならないと、力で制御しようとします。ですが神は、人間の思いどおりにならない自然を通して、人間の高慢さを明らかにし、回心させようとしているのです。聖書は私たちに「エコロジカルな回心」（『ラウダート・シ』§216 以下）を勧告しているのです

　他方、この読み方には、雌ろばがバラムに語りかけたことには何の意味もないことになってしまうという限界があります。バラムは、雌ろばが彼に語りかけたことによってではなく、主の使い（すなわち神）が彼に姿を現し語りかけたことによって回心しました。雌ろばが道をそれたり、うずくまったりした理由は、彼女自身によってではなく、主の使いすなわち神によって彼に説明されました。雌ろばのふるまいも言葉も彼の回心にはつながりませんでした。それどころか物語のなかで、雌ろばとバラムの会話は唐突に中断されています（30 節）。物語は雌ろばがその後どうなったかについて一言も触れません。これが、バラムに焦点をあてた読みの限界なのです。

2.2. 同一化

　では焦点を人間からろばに移して、この物語を読んでみましょう。まず、旧約聖書がろばをどのように描いているかを見てみましょう。旧約聖書には、人間に家畜として飼われたろばも野生のノロバも頻繁に出てきます。家畜とされたろばは、人や荷物を運んだり（例：創 22:3-5; サム上 25 章、王下 7:7）、畑を耕したり（イザ 30:24）するのに用いられました。ろばは、中東では人が住む家の土間で飼われていました（ベイリー 2010:

36-40頁）。また、ろばは食べられることも、祭儀の犠牲になることもありませんでした。ですからろばは、かなり長い間（ろばの平均寿命は30年）、家族と寝食をともにしました。そして、ろばは多少かたい草でも枝でも食べ、一回に食べる量も少なくてすみます。しかも働きものですから、農民にとっては、生活するためになくてはならない財産でした（出 23:4-5; 申 22:1-4; ヨブ 24:3［参照 6:5］）。

神戸市王子動物園のロバ（雌）のナズナ。ろばは43頁に載せたアフリカノロバ（ソマリノロバ）が約5000年前に家畜化したものと考えられる。
（撮影：大宮有博）

　旧約聖書には、奴隷や寄留者（イスラエルの民のなかに住む『よそ者』）とともに力仕事につくろばや牛などの家畜も安息日に休まなければならないと定める法があります。はっきりと「牛やろば」とあるのは申命記に記されている十戒の第四戒（申 5:14）と契約の書の安息日規定（出 23:12）です。また、ろばを体の大きな牛と同じくびきにつないで鋤をひかせることがないように命じる法もあります（申 22:10）。旧約聖書には、イスラエルはエジプトで奴隷であり寄留者だったのだから、自分たちの間に生きる奴隷や寄留者を虐げてはならないという大原則があります。ろばや牛も、その保護の範疇に含まれているのです（前章

参照）。

　ところが箴言には「馬にはむち。ろばにはくつわ。愚かな者の背に杖」（26:3）という言葉があります。ろばは疲れると人間の思いどおりに動かなくなります。このことから人間は、ろばは融通がきかないと考えます。しかし、それは見方を変えると、ろばは数千年にわたって家畜化されても、人間に主体性──自分の意思による行動──を完全に奪われていないということではないでしょうか。環境論者サラット・コリングに言わせると、家畜とされた動物は日常的に「人間の命令を無視し、労働をやめ、搾取する者に噛みつく」（コリング 2023: 91-92 頁）ことで人間の支配に抵抗するのです。それに対して人間はこれまで、まるで独裁者が弱い民に対してするように、動物の抵抗を杖やむちやくつわで抑えつけ、酷使してきたのです（参照：イザ 37:9; ヤコ 3:3）。

　雌ろばのバラムに対する訴え「私は、あなたが今日までずっと乗って来られた、あなたの雌ろばではありませんか」（30 節）は、雌ろばとバラムが故郷では互恵関係──雌ろばはバラムに忠実に働き、バラムは雌ろばを家族のように大切にすること──にあったことをうかがわせます。また、28 節の「私があなたに何をしたというのですか」というろばの言葉からは、雌ろばが自分には見えている主の使いが、バラムには見えていないことには気づいていなかったことをうかがわせます。ですから雌ろばには、バラムが怒っている理由がさっぱりわからなかったのです。雌ろばの立場に立って考えると、雌ろばはバラムの命を守ろうとしたのに、一方的に暴力をふるわれたのです。この暴力は、雌ろばが人間の言葉が話せなかったから起きたのではなく、バラムが雌ろばの声を聞こうとしなかったから起きたのです。雌ろばには何の落ち度もありません。それなのに、こ

れまでの互恵関係を一方的に解消されたのです。これは彼女にとって非道であり、不公正なことでした。

2.3. 回復

本節の最後に、雌ろばの声の回復を試みます。まず、雌ろばは人間の言葉を話す前から、言葉以外のすべてでバラムに語りかけています。ろばは数千年にわたって人間によって家畜化され、その性格も家畜化される前のソマリアノロバなどアフリカノロバからかなり穏やかになったと言われています（スミス 2002:41頁）。ですが、先にも述べましたが、人間によってその主体性を完全に奪われたわけではありません。ですので、ろばは人間の思いどおりに働かないことで自分の意思を人間に伝えようとします。

この物語で雌ろばは「道をそれて畑に入る」「石垣に体をおしつける」「うずくまる」といった行動でバラムに危険を知ら

名古屋市東山動植物園のソマリノロバのサクラ。聖書に出てくる家畜ろばの原種。日本で唯一の飼育個体だったサクラは 2019 年 7 月 30 日に亡くなった。彼女の死亡によって、ソマリノロバは日本にいなくなったことになる。なお、現在、ソマリノロバは野生での絶滅の危険性の高い絶滅危惧種 (CR) としてレッドリストに指定されている。（写真提供：名古屋市東山動植物園）

せようとしました。そして、そうすることで、抜き身の剣を持った使いからバラムを守ろうともしました。もし故郷にいた時の互恵関係がこの時にまだあれば、バラムは雌ろばの抵抗の理由を考えたり、調べたりしたことでしょう。ところが彼は彼女の声を無視するどころか、暴力でその声を抑えつけ、さらに前に進ませようとしました。前に進めば破滅しかありません。しかしバラムには、それが分かっていません。

　次に、神はこの雌ろばの「口を開かれた」（28節）ので、彼女は人間の言葉でバラムに語りかけました。しかし、彼は脅しによって彼女の声を奪おうとしました。

　雌ろばは、三つの修辞疑問「私があなたに何をしたというのですか」「私は、あなたが今日までずっと乗ってこられた、あなたの雌ろばではありませんか」「私が今までにこのようなことをしたことがありますか」によって、故郷での自分との親密さ（companionship）すなわち互恵関係を思い出させ、その親密さが一方的に破壊されたことの不当性を訴えようとしたのです。つまり、この雌ろばはバラムに「故郷で私の声——しぐさやふるまい、体調の変化など——を聞いていたことを思い起こして、私の声を聞いてください」と言わんとしているのです。

　この雌ろばがバラムにしたのと同じように、「地球」も災害や生物多様性の危機、気候変動などをとおして、「地球」に危機がせまっていることを人間に警告します。人間が自分を取り巻く環境との間に互恵関係を維持していれば、「地球」のメッセージを聞き取ることができたでしょう。ですが人間は、何百年も前からその互恵関係を捨て、科学技術によって「地球」から資源を収奪し、環境を変え、無計画に様々なものを廃棄してきました。「地球」との互恵関係を失った人間は「地球」の声を聞かずに、技術によってその声を抑えつけています。バラム

と同じように現代の人間社会も、気づかぬうちに破滅に直面しているのです。

おわりに

　このようにエコロジカル聖書解釈の手法で「バラムとろばの物語」を読むと、バラムの愚かな姿は現代の人間の姿に重なります。「地球」は様々な形で人間に警告を送っています。ですが、私たちはそれに気づかず、「地球」から資源の収奪と開発を続けています。そして「地球」からの声が大きくなると、それを耳障りなものとして、その言葉を暴力的に抑え込み、沈黙させてしまっています。

　物語のなかの雌ろばは故郷ではバラムと互恵関係にありました。バラムは雌ろばに乗り、荷を負わせ、耕作をさせても、寝食をともにし、十分な食事を与えたはずです。もしろばが自分のいうことをきかなくなれば、バラムはなぐらずに、その理由を考えたはずです。バラムはお金や名声といった欲望にとらわれてしまい、雌ろばとの互恵関係を一方的に壊してしまったのです。だから彼は雌ろばの言葉以外のメッセージを理解しようとせず、暴力をふるいました。雌ろばが人間の言葉でバラムに語りかけた言葉は、故郷の互恵関係を思い出すように促すものです。

　バラムと同じように私たちも回心が必要です。その回心とはエコロジカルな回心です。すなわち、私たちも「地球」との互恵関係を取り戻し、「地球」からの声に聞こうとすることです。

Discussions Questions

1. 聖書のなかで動物や植物が出てくる物語を同じ様な物語を
一つ選んで、懐疑・同一化・回復の手順で読んでみましょう。
例えば創世記 3 章を蛇に焦点をおいて読んでみたらどうな
るでしょうか。

2. 雌ろばは人間の言葉をしゃべる前から、バラムに危険を知
らせようとしましたが、バラムはそれを無視するどころか暴
力で抑えつけました。雌ろばが人間の言葉をしゃべってバラ
ムを批判しても、バラムはそれにこたえるどころか「おまえ
を殺すことさえできる」と言って雌ろばを黙らせようとしま
した。このように弱い者が声をあげた時に、力を持つ者がそ
れを制圧することの例をあげてみましょう。

3. この物語をへて、雌ろばとバラムの関係はどう変わったと
思いますか。想像してみましょう。皆さんが想像したことか
ら、人間と「地球」の関係はどう変わるべきかまで広げて考
えて見ましょう。

参考文献

Bailey, Kenneth E. and William L. Holladay. "The 'Young Camel' and
'Wild Ass' in Jer. II 23-25." *VT Testamentum* 18.2（1968）: 256-
260.

Habel, Norman C. "Introducing Ecological Hermeneutics." Pages 1-8 in
Exploring Ecological Hermeneutics. Edited by Norman C. Habel
and Peter Trudinger. Atlanta: SBL Press, 2008.

Levine, Baruch A. *Numbers 21-36: A New Translation with Introduction and Commentary*. Anchor Bible. New York: Doubleday, 2000.

Milgrom, Jacob. *Numbers*. The JPS Torah Commentary. Philadelphia, PA: Jewish Publication Society, 1990.

Rees, Anthony. *Voices of the Wilderness: An Ecological Reading of the Book of Numbers*. The Earth Bible Commentary. Sheffield: Sheffield Phoenix, 2015,

Sarvan, George. "Beastly Speech: Intertextuality, Balaam's Ass and the Garden of Eden." *JSOT* 64 (1994): 33-55.

Viviers, Hendrik. "The 'wonderful' donkey - Of real and fabled donkeys." *HTS* 75. 3 (2019), a5479. https://doi.org/10.4102/hts.v75i3.5479.

東よしみ、大宮有博「エコフェミニスト神学における聖書の位置付け──ローズマリー・ラドフォード・リューサーとイヴォーネ・ゲバラから」『関西学院大学キリスト教と文化研究』21号 2020 年、31-48 頁。

大宮有博「エコロジカル聖書解釈とは何か」『関西学院大学キリスト教と文化研究』19 号 2018 年、99-114 頁。

教皇フランシスコ『回勅 ラウダート・シ──ともに暮らす家を大切に』瀬本正之・吉川まゆみ訳、カトリック中央協議会、2016 年。

コリング、サラット『抵抗する動物たち──グローバル資本主義時代の種を超えた連帯』井上太一訳、青土社、2023 年。

スミス、ウィリアム『聖書動物事典』小森厚・藤本時男訳、図書刊行会、1992 年。

ベイリー、ケネス『中東文化の目で見たイエス』森泉弘次訳、教文館、2010 年。

ジョナサン・マゴネット「『言葉を話すろば』(聖書) をめぐるラビ的解釈」『西南学院大学神学論集』75 巻 2015 年、123-142 頁。

※本稿は著者の論稿「聖書におけるろばのイメージ——エコロジカル聖書解釈のこころみ」『関西学院大学キリスト教と文化研究』25 号 2024 年、1-17 頁を一般読者向けに書き改めたものです。

人間とは何か
――エコロジカル聖書解釈の視点で読むヨナ書――

大澤　香

はじめに：人間とは何か

　三日三晩、大魚の腹の中で過ごしたヨナと、ヨナを飲み込み、そして吐き出した魚。このヨナ書のモチーフは、長い間、文学、絵画、音楽の様々な作品に影響を与えてきました。その中でもよく知られたものの一つが、カルロ・コッローディの『ピノッキオの冒険』でしょうか。コッローディは、この作品に様々な物語伝統の要素を用いていますが、旧約聖書のヨナ書もその中に含まれます。作品の中に聖書に関係する要素が多く登場することは、かつてコッローディが、聖職者になるべく神学校で学んだことを考えると、それほど不思議ではないでしょう。木の棒から作られた「人形」ピノッキオ。最初は少しも「良い子」ではなかったピノッキオが、サメに飲み込まれた後、物語の結末では、「本当の人間」になります。

　もちろん、ピノッキオの物語とは違って、ヨナ書のヨナは初めから人間です。しかし、今回私たちは、ヨナ書を「人間とは何か」を考えるテキストとして読みたいと思うのです。ヨナ書に登場する人間以外の様々な登場者たち（＝環境）との「関係性」の中で、「人間とは何か」を考える。これが、今回、環境の視点、すなわち、人間中心でない視点でヨナ書を読む目的です。

　考察を始めるにあたり、アース・バイブル・プロジェクトが提唱する環境正義原則を、読者の皆さんと共有しておきたいと

思います（Habel 2008:2）。

①本質的価値の原則：宇宙、地球（Earth）、そしてそのすべて
　の構成要素は、本質的な価値／意義を持っている。
②相互連関の原則：地球（Earth）は、生命と生存のために互い
　に依存し合っている、相互に連結した生き物たちの共同体で
　ある。
③声の原則：地球（Earth）は、祝祭において、また不法に抵抗
　して、自身の声をあげることのできる主体である。
④目的の原則：宇宙、地球（Earth）、そしてそのすべての構成
　要素は、ダイナミックな宇宙の設計図の一部であり、そこに
　おいて、それぞれの部分が、その設計図の全体の目的の中に
　位置づけられている。
⑤相互管理の原則：地球（Earth）は、責任のある管理者たちが、
　地球（Earth）の支配者ではなくパートナーとして、そのバラ
　ンスと多様な地球（Earth）共同体を維持するために機能し得
　る、バランスの取れた多様な領域である。
⑥抵抗の原則：地球（Earth）とその構成要素は、人間の不法に
　苦しむだけではなく、正義のための闘いにおいて、積極的に
　それらに抵抗する。

それではご一緒に、環境の視点でヨナ書を読んでみましょう。

1. 逃げるヨナとユニークな登場者たち

　しかし、ヨナは立ち上がると、ヤハウェの御顔を避け、タ
ルシシュに向けて逃亡を図った。彼がヤッファに下ると、
タルシシュ行きの船が見つかったので、ヤハウェの御顔を

避けてタルシシュへ行こうと、船賃を払って人々と共に船に乗り込んだ。／だが、ヤハウェが海に向かって大風を起こされたので海は大しけとなり、船は今にも砕けそうになった。（ヨナ 1:3-4）

　ヨナ書には、人間以外にたくさんの登場者がいます。大風（1:4）、海（1:4-15）、船（1:4）、巨大な魚（2:1,11）、ニネベの家畜たち（3:7-8,4:11）、とうごまの木（4:6-10）、虫（4:7）、東風（4:8）、太陽（4:8）などです。これらは、例えば「海はますます凶暴になりつつあった」（1:11）や「船は壊れることを考えた」（1:4）のように、動作の主体として、人格化された姿で記されています。こういったヨナ書の描写は、しばしば自然界の「擬人化」として、「寓意的」あるいは「おとぎ話風」の描写として受け止められてきました。従来の解釈では、ヨナ書が、ユダヤ人の排他的民族主義を批判し、イスラエル民族以外にも神の救いと憐れみが及ぶことを語っているとの理解はあっても、それはあくまでも人間世界を範囲とした、神の愛の平等という理解でし

オールド・ヤッファの旧港（撮影：大澤香）

た。

（1）捕囚期以降の二つの特徴

　それではまずは、「寓話的」と言われてきたヨナ書の描写方法について、聖書やその周辺文書の描写と比較しながら、検討してみたいと思います。先ほど、ヨナ書の従来の解釈として、神の普遍的救いのテーマがあることに触れましたが、この視点は、古代イスラエルの歴史における、バビロン捕囚以降の時代的潮流と関係しています。ヨナ書の形成時期を厳密に定めることは困難ですが、その最終形態に捕囚以降の視点が入っていることは確実です。捕囚以降の時代というのは、捕囚によって、古代イスラエルの民が、それまでの土地や王制度や神殿といった重要な要素を失い、民族存続の危機を経験する中で、ユダヤ教の基礎が整えられ、形成されていった時代です。

　またこの時代は、狭義の一神教信仰・唯一神信仰が成立した時代でもあります。もともとは、イスラエルの民族神としてヤハウェを礼拝する拝一神教でしたが、国の滅亡の危機の時代以降、他民族をも影響下に置く世界神ヤハウェとしての唯一神信仰が確立していきます。そしてこの唯一神ヤハウェは、世界の「創造者」と語られます。このような神観と、自然界を含むすべてを「神の被造物」と捉える視点は、表裏一体です。ヨナ書1章9節の、「海と陸とを造られた天の神、ヤハウェ」との、ヨナによって語られる宣言の背後にも、この創造神信仰があることがわかります。この唯一神信仰の先に、イスラエル民族のみでなく異民族も唯一の神の救いに入る可能性がひらかれますので、ヨナ書のメッセージとして指摘されてきた神の普遍的救いのテーマも、そのような潮流に位置づけられるでしょう。

(2) 自然界と人間の描写

　ところで、環境正義の議論を遡ると、人間が「神の像（似姿）」として造られたと語る創世記 1 章 26-27 節に見られるようなユダヤ・キリスト教的世界観が、他の被造物に対する人間の優位性を前提としており、現代の環境危機の歴史的根源となっているとの問題提起がありました。創世記 1 章 26-27 節については、後であらためて考察しますが、聖書の記述がいつも、人間を自然より優位なものとして描写しているかというと、そうではありません。その一つとして、聖書に見られる、自然界と人間の対比的描写のパターンを見てみたいと思います。

　聖書の中には、神の命令に従順な自然界と不従順な人間とを対比的に描写する箇所がいくつもあります（エレ 5:20-29 など）。そしてこのような描写は、捕囚後の第二神殿時代以降、さらに発展したことが窺えます（第 1 エノク書 2-5 章など）。そこに確認できるパターンは、星や海や河といった被造物が、自然の秩序・法則（＝創造神の掟）を忠実に守る姿に、ヤハウェの命令を守らない人間の姿が対比されるというものです。このパターンを考えると、神と共に行動しているヨナ書の人間以外の登場者たち（海や大魚や虫など）と、神の言葉から逃れようとするヨナの描写も、聖書に見られる対比的描写とどこか似ているところがあります。

　ここで、旧約（ヘブライ語）聖書のレビ記のテキストの描写を見てみたいと思います。レビ記 18 章 24-30 節は、これから約束の地に入ろうとするイスラエルの民に、ヤハウェの掟と法を守り、先の国民のように地によって吐き出されないようにせよ、との勧告の言葉を記しています。またレビ記 25-26 章は、7 年毎の地の完全な安息を求める安息年と 50 年目のヨベルの年について述べ、ヤハウェの安息日を守り（26:2）、ヤハウェ

の掟に従い、ヤハウェの戒めを守ること（26:3）を勧め、ヤハ
ウェに聞き従わない場合には、ヤハウェがイスラエルの民を諸
国民の中に追い散らし（26:33）、その間、「地は安息を享受する」
（26:34）と記しています。ここには、ヤハウェの法を守らない
人間と、安息年の掟を遵守する擬人化された地の姿があります。
この描写にも、神の命令に従順な自然と不従順な人間との対比
を見ることができます（安息日・安息年・ヨベルの年の持つ環境
正義的意義については、本書の大宮氏の章を参照してください）。

（3）「従順／不従順」？

　上記のレビ記のテキストから、大変異なるメッセージを受け
取った人々がいたことが、エズラ記とヨナ書の立場にあらわれ
ているように思われます。先に述べたように、捕囚後の時代は、
ユダヤ教の基礎が形成されていった時期でもありました。捕囚
から帰還し、エズラの改革のもと、共同体が再建されていく様
子を記すエズラ記は、先ほどのレビ記の勧告の言葉を根拠とし
ながら（エズ 9:11-12）、神の法を守らない異民族との間に境界
線を引き、自らを「聖なる種族」（エズ 9:2）とします。エズラ
記の立場では、イスラエルの民は、神の掟に「従順」な自然界
の側に位置づけられ、異民族は対照される「不従順」な人間に
位置づけられると言えそうです。

　それではヨナ書はどうでしょうか？ヨナ書もまた、レビ記の
テキストと大いに関連があるようです。例えば、レビ記では不
法の住民を地が「吐き出し」（レビ 18:25）ますが、ヨナ書の大魚も、
ヨナに対して同じ行為をします（ヨナ 2:11）。自然界との対照パ
ターンで言うと、イスラエル人であるヨナは、神の命令を守ら
ない人間として、自然界と対比される側にいます。そしてヨナ

書に登場する異民族（船乗りたちやニネベの人々）は、神をおそれ（ヨナ 1:16）、神の言葉に忠実な姿で（ヨナ 3:5-8）、自然界の側に位置しています。このように見ると、ユダヤ人の排他的民族主義批判と、異邦人にも及ぶ神の普遍的救いという、従来指摘されてきたヨナ書のメッセージが、自然界との関係の描写においても表現されているように思われます。

　しかし、「神に従順な自然界と異民族 vs. 不従順なイスラエル人ヨナ」という視点のみでは、ヨナ書の大切なメッセージを、大きく捉えそこなってしまうように思います。レビ記のテキストを、ヨナ書とは対照的に受け取ったエズラ記が、神の掟への自然界の「従順さ」に自分たちを重ねながら、自分たちを聖化し他者を排除していったことを考えると、ヨナ書のテキストは、登場者たちの姿を、神への「従順／不従順」という視点で捉えること自体に、異議を唱えているのではないでしょうか？神の

絶壁のヨナ（イスラエル北部にて。撮影：大澤香）
※ヨナはヘブライ語で「鳩」

命令から逃げていくヨナの姿は、もしかするとそのような「異議」のあらわれなのではないでしょうか？何を隠そう私自身、このテキストをもし「従順」の視点で読むならば、逃げるヨナの姿に、強いシンパシーを感じてしまう者ですので……。

　「従順／不従順」の視点からの脱却。それは、神の法を重んじなくてよいという意味ではなく、「遵法」を自分と他者とを境界づけるための手段としない、ということです。「法」は、脱落者を排除するための「規則」ではなく、「すべてのものが安寧に生きるために必要な秩序」なのです。

2. 魚の腹と創造者

　ヤハウェは巨大な魚に命じて、ヨナを呑み込ませたので、ヨナは三日三晩その魚の腹の中にいた。……ヤハウェが魚に命じると、魚はヨナを陸地に吐き出した。（ヨナ 2:1-11）

　神への「従順」という構造を捉え直すと言っても、先に見たように、「創造者」と「被造物」という関係性では、絶対的な創造神への従属関係は動かし難いのではないかとも思えてきます。ここで、改めて、ヨナを吐き出した大魚の場面を読んでみたいと思います。先ほど、大魚がヨナを吐き出すこの場面に、不法の民を吐き出すレビ記の地の姿との重なりを見ました。大魚もまた、自分の体内のヨナのあり方に、我慢のできない不快感を覚えたのかもしれません。その一方で、レビ記の場面とは違い、大魚がヨナを吐き出す場面には、肯定的な意味を読み取ることもできそうです。実際、ヨナ書のこの場面は、ヨナの悔い改めの意味だけでなく、死と再生、「新しい命」を語る場面として長く読まれてきました。新約聖書マタイによる福音書

12章39-40節では、「ヨナのしるし」として三日三晩「大魚の腹の中」で過ごしたヨナと、十字架の死から復活まで「大地の中」で過ごしたイエスが重ねられています。

　大魚の腹の「腹（κοιλία）」は、母の「胎」をも意味する言葉です。実際に、ヨナ書の魚の腹を母の胎と重ねる以下のような解釈も存在します。

> この憐れみは、遠く離れたところからあらわれるものではなく、母の胎のようにヨナを包むものである。この滋養と保護に満ちた胎から、ヨナは、測ることのできない憐れみの神に、再びニネベで出会うために出てきたのである。
> （Conradie 2005: 226-227）

　被造物全体に及ぶ神の憐れみが、大魚の腹に象徴されているのだという解釈です。ところで、ユダヤの思想家エマニュエル・レヴィナスは、神について、次のような思索の言葉を残しています。

> このテクストの中に頻繁に現われる「慈愛深きお方」、「ラハマナ」とは何を意味するのでしょう。……この「ラハマナ」から当然連想される「ラハミーム」（慈愛）という言葉はもとをたどれば「ラヘム」という「子宮」を意味する言葉にゆきつきます。したがってラハミームとは子宮と、そこに胚胎される他者との関係、ということになります。ラハミームとは母性そのもののことなのです。神が慈愛深いとは、神が母性によって規定されているということです。（レヴィナス［内田訳］2015: 228-229頁、傍点原著）

　ユダヤのカバラーには、創造に先立って神が自己収縮し、被造物のための場所を用意した、との思想があります。つまり、そこでイメージされる創造者は、被造物のために自ら「退く」神なのです。ここには、絶対的従順を要求する神のイメージを覆すヒントがありそうです。上記のレヴィナスの「母性」の背後にも、そのような神の姿があると言われます。それは、自分を空にして、他者のための場所をつくる姿です（根無 2012: 80-82 頁参照）。

　このような神理解は、キリスト教思想にも影響を与えています。シモーヌ・ヴェイユは「創造とは放棄である……。神は神であることを捨てた。神は自らを空にされた。これは、創造と受肉が受難に含まれていることを意味する」（Weil 1970: 120）、「神にとって、創造とは自身を拡張することにあったのではなく、後退することにあったのである。……創造、受難、聖餐――これらは常に、同じ後退の運動である。この運動は愛である」（Weil 1970: 81）と述べています。サリー・マクフェイグは、ヴェイユの言葉を引用しながら、「自分を空にすること」が現実の核心にあるのかもしれないと述べます（McFague 2013: 59）。「空にすること（＝ケノーシス）」はフィリピの信徒への手紙 2 章 7 節で「自分を空にした（ἑαυτὸν ἐκένωσεν）」キリストの自己無化の姿として記されています。絶対的従順を要求する君主としての神ではない神を、キリスト教もまた、イエスを通して見ています。

3. 被造物との連帯とすべてのものが安寧に生きるための「法」

　王はニネベに王と大臣たちによる布告を出した。「人も家畜も、牛、羊に至るまで、何一つ口にしてはならない。食

　べることも、水を飲むこともしてはならない。人も家畜も粗
　布を身にまとい、ひたすら神に向かって叫び求めなさい。お
　のおの悪の道とその手の暴虐から離れなさい。（ヨナ 3:7-8）

　先に、「法」とは、「すべてのものが安寧に生きるために必要な
秩序」だと述べました。大魚に吐き出されたヨナが伝えた神の言
葉を、ニネベの人々は真剣に聞き、自分たちのあり方を改めます。
上記の王による布告では、「悪の道とその手の暴虐」から離れる
ことが命じられます。都ニネベの悪（ヨナ 1:2）の内容については、
具体的には記されていませんが、「暴虐（חָמָס）」は「不法」とも
訳しうる言葉です。聖書でも幅広い用例がありますが、多くの場
合、この言葉が意味するのは、苦しむ人や貧しい人への虐げや抑
圧です。抑圧や搾取によって一部の者たちだけが富む不正義が、
預言者によって糾弾されています（アモ 3:10 など）。この暴虐の
対象は、人間だけではありません。地や町や動物たちへの暴虐も
糾弾されています（ハバ 2:8, 17）。
　ニネベの王の布告によって人と家畜が共に粗布をまとって断食
しますが、この人と家畜の組み合わせは、創世記 6 章の洪水物語
で、ヤハウェが洪水によって地の面から消し去る対象として述べ
られている「人から家畜まで」（創 6:7）という表現にも見られ
ます。人間の悪の結果を、他の生物も人間の運命共同体として被る
ことを語るこの聖書の描写を、核の脅威の中で生きる現代の私た
ちは、「神話的描写」としてのみ受け取ることはもはやできない
でしょう。人と家畜が共に断食するというニネベの人々の悔い改
めの姿は、ニネベの人々が不法をやめ、人間のみでなくすべての
被造物の安寧を願った姿として読むことができます。その姿を見
て、神はニネベに災いを下すことを思い直したのです。
　先に、遵法を「従順」モデルで捉えてしまうことが、自己正当

化と他者の排除につながる可能性を見ましたが、対照的に、他者を受容する視点で神の法を理解した人もいたことが聖書から窺えます。パウロは、律法全体が隣人愛の掟において全うされていると述べます（ガラ 5:14）。「被造物は、神の子たちが現れるのを切に待ち望んでいます。……実に、被造物全体が今に至るまで、共に呻き、共に産みの苦しみを味わっていることを、私たちは知っています」（ロマ 8:19-22）とのパウロの言葉に、被造物たちとの連帯の意識が窺えます。隣人愛の掟が、全被造物を視野に入れていると認識するならば、隣人愛の掟は、「すべてのものが安寧に生きるために必要な秩序」であり得るでしょう。

むすび：本当の人間になるために

> ヤハウェは言われた。「あなたは自分で労することも育てることもせず、ただ一夜にして生じ、一夜にして滅びたこのとうごまをさえ惜しんでいる。それならば、どうして私が、この大いなる都ニネベを惜しまずにいられるだろうか。そこには、右も左もわきまえない十二万以上の人間と、おびただしい数の家畜がいるのだから。」（ヨナ 4:10-11）

　ヨナ書は、神からヨナへの語りかけの言葉で締めくくられます。何度もへそを曲げ、神に文句を言うヨナを、神がなだめたり、問いかけたり、諭したりする描写も、神を絶対君主とする従属モデルから逸脱しています。神とヨナの関係は、なんだか「友だち」みたいですね。
　マクフェイグは、神と世界との関係を、君主制以外のモデルで捉える必要性を提起しています。そこでマクフェイグが提案

する新たなモデルは、「友愛」モデルです。マクフェイグは、「友愛は、最も純粋で、最も私心のない愛である」と述べ、「人は誰とでも友になることができる。山や、図書館や、庭や、組織など、無生の対象とでさえも」と言います（McFague 2020: 519）。従属モデルから解放された目でヨナ書を読むならば、海も大魚も風も虫も、神の命令にただ従順に従ったのではなくて、憐れみ深い（ラフーム）神（ヨナ4:2）の世界に対する「友情」に共鳴する姿として読むことが可能です。

　もう一度、初めの問いに戻りましょう。「人間とは何か」。木で作られた人形（「人間の像」）のピノッキオは、物語の結末では、犬やマグロに助けられ、友情と愛と連帯を学び（大岡2016: 360-361 頁参照）、「本当の人間」になるのでした。それでは、人間ヨナはどうでしょうか？　神からヨナへの語りかけは、私たちが「本当の人間」になるために、どうあれと語りかけているのでしょうか。

　人間が「神の像」として造られたと語る創世記1章26-27節は、

地中海と太陽（撮影：大澤香）

長い間、人間を他の被造物から区別し、優位づける根拠として
も読まれてきました。しかし、従属モデルから解放された私た
ちにとって、「神の像」はもはやそのような優越性の根拠では
あり得ません。神そのものが、他者のために自分を空にして仕
える「憐れみ」と「友情」の神なのですから。神からヨナへの
語りかけは、神の憐れみ（ラハミーム）が、被造物によって共
有されるヨナ書の世界像とともに、すべての被造物を含む「他
者」に仕える「本当の人間」になるようにとの、私たちへの語
りかけと読むことができるのではないでしょうか。

Discussion Questions

1. 神と人間の関係を君主制モデルではなく友愛モデルで認識
   すると、わたしたちの具体的なあり方（生きる姿勢、他者へ
   の態度、世界認識）にどのような変化が生じるでしょうか？

2. 本章の中で語られている「憐れみ」という言葉の意味を、
   みなさん自身の身近な言葉で語り直してみてください。

3. 神と人間の関係として「友愛」を読み取ることのできる聖
   書箇所をあげ、それは具体的にどのような関係であるのか、
   話し合ってみてください。

参考文献

Conradie, Ernst. "An Ecological Hermeneutics." Pages 219-228 in *Fishing for Jonah (anew): Various Approaches to Biblical Interpretation*. Edited by Louis Jonker and Douglas Lawrie. Stellenbosch: SUN Press,

2005.

Habel, Norman C. "Introducing Ecological Hermeneutics." Pages 1-8 in *Exploring Ecological Hermeneutics*. Edited by Norman C. Habel and Peter Trudinger. Atlanta: SBL Press, 2008.

McFague, Sallie. *Blessed are the Consumers: Climate Change and the Practice of Restraint.* Minneapolis: Fortress, 2013.

McFague, Sallie. "Jesus the Christ and Climate Change." Pages 513-523 in *T&T Clark Handbook of Christian Theology and Climate Change*. Edited by Ernst M. Conradie and Hilda P. Koster. London: T&T Clark, 2020.

Weil, Simone. *First and Last Notebooks*. Translated by Richard Rees. London: Oxford University Press, 1970.

大岡玲「解説」カルロ・コッローディ『ピノッキオの冒険』大岡玲訳、光文社、2016 年、306-361 頁。

根無一行「アウシュヴィッツの記憶と神の自己性──レヴィナス的倫理の可能性の条件の探求」『宗教学研究室紀要』第 9 号 2012 年、68-87 頁。

レヴィナス、エマニュエル『タルムード新五講話 新装版──神聖から聖潔へ』内田樹訳、人文書院、2015 年。

※本稿で述べた内容を詳細な脚注・参考文献と共に論じた英文での論考を、別稿にて出版予定です。関心のある方はそちらもご覧ください。

※本稿の聖書の引用は聖書協会共同訳（2018 年）を参照していますが、本稿の趣旨に沿って、「主」の部分は「ヤハウェ」としています。

エコフェミニスト聖書解釈の視点で読む
ヨハネ福音書のプロローグ

東よしみ

はじめに

　エコフェミニスト聖書解釈はエコロジカル聖書解釈の主要な一潮流です。エコフェミニスト聖書解釈は、男性中心的で人間中心的なこれまでの聖書解釈の反省に立ち、聖書において周縁化されてきた女性やさまざまな人々の声のみならず、動物や植物、地球の「声」にも耳を傾けようとする聖書解釈の方法です。エコフェミニスト聖書解釈は、エコフェミニスト神学の視点を聖書の解釈に取り入れることで組織神学やフェミニズムとの積極的な対話を行うのはもちろん、環境学や生態学などの学問分野の知見からも学ぼうとする学際的な性格をもちます。本稿では、エコフェミニスト聖書解釈の実例として、ヨハネ福音書のプロローグ、とりわけ1章14節の解釈を試みます。

　ヨハネ福音書1章のプロローグは、すべてのもののロゴスによる創造（1:3-4）と受肉（1:14）に言及します。ヨハネ福音書のプロローグは、エコロジカル／エコフェミニスト聖書解釈において重要な箇所であり、さまざまに取り上げられてきました（Habel 2002など）。このエッセイでは、受肉は、人間だけでなくすべての生き物と係わること、ロゴスは受肉により、人間との連帯を示しただけでなく、すべての被造物との連帯を示したということを見ていきます。また、このような受肉の理解によって、キリスト教神学における救いの理解をどのように捉え直す

ことができるのか、エコフェミニスト神学者との対話を通して
考察します。

1. ヨハネ 1:14 の解釈

　ヨハネ福音書で最初に「肉（サルクス）」が言及されるのは、
受肉が言及される 1 章 14 節の直前である 13 節です。13 節で
否定的に言及される「肉」が、一転して 14 節では肯定的に言
及されるというのが注目すべき点です。直前の 12 節から以下
のように述べられます。

> 1:12 しかし言（ロゴス）は、自分を受け入れた人々、その
> 名を信じる人々には神の子となる資格を与えた。13 この
> 人々は、血によってではなく、肉の欲によってではなく、
> 人の欲によってでもなく、神によって生まれたのである。
> 14 言（ロゴス）は肉（サルクス）となって、私たちの間に
> 幕屋＝テントを張った。私たちはその栄光を見た。それは
> 父の独り子としての栄光であって、恵みと真理とに満ちて
> いた。

　13 節では、ロゴスを受け入れた人々の誕生が、3 つの否定的
なフレーズ①「血によってではなく」②「肉の欲によってでは
なく」③「人の欲によってでもなく」を通して表現され、その
後の「神によって生まれた」と対比されています。3 つの否定
される要素の内、①「血によって」と②「肉の欲によって」は、
人間の誕生だけでなく、他の多くの動物の誕生にも共通するも
のです。人間や動物の誕生とは異なり、神の子となることは、
神によって生まれる神的な誕生であるとされます。このように、
神的な誕生と比較して、「肉」の欲による誕生が 13 節で否定的

に言及された直後に、一転して 14 節では「ロゴスは肉となった」
と「肉」が積極的に言及されるのです。

　14 節における「受肉」に関しては、ロゴスが本当に「肉となっ
た」のか、あるいは単に「地上に生きた」のかが論争されてき
ました。少し専門的な話になりますが、エルンスト・ケーゼマ
ンは「肉」の被造性を強調し、1:14a の逆説は、創造者が被造
物の世界に入り、裁かれる被造物となったことにあるとしまし
た（Käsemann 1969: 158）。しかしケーゼマンは「ロゴスが肉となっ
た」を、ロゴスの本質の変化としてではなく、ロゴスの居場所
の変更として捉えました。つまり、ケーゼマンによれば、ロゴ
スは、肉となることによってその神的な本質を変えたのではな
く、「地上を歩く神」として一時的に地上に住んだにすぎない
のです。ケーゼマンに反対した解釈者たちは、ロゴスが本当に
「肉となった」ことを強調しましたが、この議論の中では、「肉」
はしばしば、「人類／人間」として理解されるようになりまし
た（たとえば Thompson 1988: 121）。

　しかしながら、「肉（サルクス）」は「人類／人間（アントロー
ポス）」と同義ではありません。「肉」のもつ弱さや被造性は人
間に限定されるものではなく、生きとし生けるすべての被造
物に共通するものです。旧約聖書では、「肉（サルクス）」がも
つ弱さ、有限性、一時性が強調されています（LXX 創 6:3; イ
ザ 40:6-7; エレ 17:5; シラ 14:17-18）。イェルグ・フレイの主張に
よれば、福音書記者ヨハネは、「肉」が含意する弱さや脆弱性、
有限性という側面ゆえに、「人（アントロポス）」ではなく「肉
（サルクス）」という用語を選びました（Frey 2018: 281）。この主
張は説得力があるものです。さらに、このような弱さや脆弱性、
有限性という側面は、人間だけでなく、被造物に共通する性質
であることは、もっと強調されてよい点です。

　旧約聖書では被造物全体を指して「すべての肉なるもの」
（LXX イザ 40:6; シラ 14:17）という表現が使われます（イザ 40:6
「すべての肉なる者」〔聖書協会共同訳〕「肉なる者は皆」〔新共同訳〕
「人は皆」〔口語訳、新改訳 2017〕；シラ 14:17「肉なるものはすべて」
〔聖書協会共同訳〕「生あるものはすべて」〔新共同訳〕）。この「す
べての肉」という表現はヨハネ福音書の告別説教でも使われま
す。

　　17:2 あなたは、すべての肉なるもの（パセース・サルコス）
　　を支配する権能を子にお与えになったからです。こうして、
　　子は、あなたから賜ったすべてのもの（パーン・ホ）に、永
　　遠のいのちを与えることができるのです。

　ここで「すべての肉なるもの」と訳したギリシア語パセース・
サルコスは、主要な日本語訳（新共同訳、聖書協会共同訳、新改
訳 2017）では「すべての人」と人間中心的に訳されています（口
語訳は「万民」）。また、これを受けるパーン・ホ（中性単数形）
も「人すべて」（新共同訳）「すべての人」（新改訳 2017）「すべ
ての者」（聖書協会共同訳、口語訳）と人間として訳されていま
すが、ここはギリシャ語の中性形を尊重して「すべてのもの」
とするのがよいでしょう。ドロシー・リーが正しく指摘してい
るように、ここでは、永遠のいのちが与えられる対象として人
間だけではなく「すべての肉なるもの」、すなわち被造物全体
が視野に入れられています（Lee 2002: 44）。子が支配し、永遠
のいのちを与える対象は、人間に限定されてはいないのです。
　ヨハネ福音書のプロローグと告別説教が対応関係にあること
は、しばしば研究者によって指摘されていますが、エコフェミ
ニスト聖書解釈の視点から見て注目すべきは、両箇所で「肉」

に言及され、人間以外の被造物が視野に入れられている点です。プロローグでは、ロゴスによって創造されるのは「万物」です。「万物（パンタ）は言によって成った。言によらずに成ったものは何一つ（ヘン）なかった。言の内に成ったものは、いのちであった」(1:3-4a)。「万物（パンタ）」も「何一つ（ヘン）」も共に中性形が使われています。プロローグでは創世記 1 章の万物の創造が前提とされており、ロゴスによって創造された「万物」には人間以外の被造物が含まれていることは明らかです。ロゴスは、「肉」となることで（1:14）、「万物」に共通する脆弱性や有限性を自らに負います。他方、告別説教では、この受肉したロゴスである子に「すべての肉なるもの」に対する権能が与えられること、また、子がすべてのものに「永遠のいのち」を与えることが宣言されます。子が「永遠のいのち」を与える「すべてのもの（パーン・ホ）」は、創造の対象である「万物（パンタ）」同様に、人間に限定されるものではありません。プロローグと告別説教において、創造と救済の対象は人間に限定されず、すべての被造物が視野に入れられているのです。

　続いてプロローグの 1 章 14 節の後半を見ていきます。「幕屋＝テントを張る（スケーノオー）」という動詞は、一時的で脆弱な被造物の生を生きるというニュアンスをもちます。クレイグ・ケスターは、ここでの動詞スケーノオーの使用には、「肉」と「栄光」の両方の意味を含める語呂遊びが見られると主張します（Koester 1989: 102）。ケスターによれば、名詞形「スケーネー（幕屋）」は、神がご自身の栄光を現した幕屋を指す（LXX 出 40:34 他）ため、動詞スケーノオーもしばしば神の栄光と結びつけて解釈されます。他方で、動詞スケーノオーは「肉」とも関連します。というのも類似する名詞「スケーノス（幕屋）」と「スケーノーマ（仮の宿）」は、しばしば有限で一時的な人間の身体を指して

用いられるからです（スケーノス 知 9:15、Ⅱコリ 5:1,4; スケーノー
マ Ⅱペト 1:13,14）。それゆえ、動詞スケーノオーを用いることで、
ロゴスがなった肉体の有限性や一時性が含意されつつ、同時に、
幕屋において示された神の栄光が示唆されているのです。

　ここでは特に動詞スケーノオーが肉体の有限性や一時性を含
意する点に着目したいと思います。動詞スケーノオーは、70
人訳聖書では 1 例（LXX 王上 8:12）を除いて天幕＝テント住ま
いの一時性を指して用いられています（LXX 創 13:12、士 5:17〔2
回〕、8:11）。新約聖書では、動詞スケーノオーは、ヨハネ 1:14
の他には黙示録で 4 例使われますが、そのうちの 2 例は終末
における新しい地での神の臨在を指しています（黙 7:15; 21:3）。
とりわけ黙示録 21:3 では名詞形スケーネーと共に使われます。
「見よ、神の幕屋（スケーネー）が人と共にあり、神が人と共に
幕屋を張り（スケーノーセイ）、人は神の民となる」。ここでは、
終末の時において神が人と共に新しいエルサレムに住まうこと
が、「神殿」ではなく、「幕屋」のイメージを用いて語られてい
ます。「神殿」は強力で堅固、権力を誇示するものですが、「幕屋」
は一時的で持ち運び可能なものであり、神殿と比べると脆弱な
ものです。ジェラルド・ウェストは、「幕屋」という語が神の
栄光との関連で権力と結びついて使われたことを認めつつも、
動詞スケーノオーはテント住まいの一時性と脆弱性とを含意す
ることを指摘します（West 2011: 138）。マーガレット・デイリー・
デントンも次のように述べています（Daly-Denton 2017: 36）。

　　テントを張るというイメージは、言葉が実際に地球のすべ
　　てのいのちの共通の経験を共有しているという点を強調す
　　る。すなわち、死が避けられないという共通の経験である
　　……おそらくこの動詞、エスケノーセン（スケーノオーの

　　アオリスト〔過去〕形）は、言葉が肉となり、一時的で脆弱
　　な住まいにキャンプし、すべての生き物の最終的な運命を
　　共有しているという状況を強調している。

　脆弱性と有限性は、人間に限定されず、すべての生き物に共
通する性質です。ヨハネ 1:14 で動詞スケーノオーが、「肉」と
共に使われることから、メアリー・コローは肉の有限性とイ
エスの死がすでにプロローグで示唆されていると指摘します
（Coloe 2001: 25）。1:14 でイエスの十字架死がすでに含意されて
いるかは明確ではありませんが、動詞スケーノオーは、肉となっ
たロゴスが、地上の生物の脆弱性や有限性を共有したことを示
しています。このような 1:14 の解釈は、今日、戦争や災害で
テント生活を強いられている多くの人々にとって、受肉がもつ
積極的な意義を示すことができます。ロゴスは、このような周
縁に置かれた人々、脆弱な生を生きるすべての人々との連帯を
示したのです。
　さらに「幕屋＝テントを張る」ことは、大地との物理的な接
触を含意します。テントは大地の上に張られなければならず、
そこにはテントと大地との一種の協働作業が生じます。ロゴス
が大地にテントを張ったということは、ロゴスが単に大地の上
に住んだだけではなく、大地と協働し、大地、地球との連帯を
示したことを意味しえます。ロゴスは、受肉によって「地上の
領域」に住んだ（ケーゼマン）だけではありません。ロゴスは
地上の存在になり、地上にテントを張ることによって、地球と
の連帯を示したのです。
　このような「肉」と「幕屋＝テントを張った」の意味を考え
るときに、「私たちの間に（幕屋＝テントを張った）」にも、より
広い意味を見ることができるでしょう。ジョン・マクヒューは

「私たち」が指す対象は第一に、イエスを直接知っていた人々
（Ⅰヨハ 1:1）、第二に、ユダヤ人か異邦人かに関わらずイエスと
同時代の人々であり、さらにこの対象は第三に、「福音のストー
リーを聞くすべての人」、また「すべての人類」へと拡大できる
と主張します（McHugh 2009: 56）。エコフェミニスト聖書解
釈の視点に立つならば、私たちはこの範囲をさらに拡大して、
すべての肉、地球に生きるすべての生物、無生物にまで広げる
ことができるでしょう。再びデイリー・デントンに聞きましょ
う（Daly-Denton 2017: 35）。

> 聖書における肉（サルクス）の理解を考えると、私たちは、
> エコ解釈的な読みにおいて、言葉がテントを張った「私た
> ち」の中に、人間だけでなく、地球共同体全体を読むよう
> に促される。「肉」は「人類」よりもずっと広いリアリティー
> であり、私たちが遺伝学者や生物学者から学ぶように、人
> 類は唯一の種ではない。私たちは、他のすべての「肉」と
> 関連しており、……遠い同じルーツを共有しているのであ
> る。

　ロゴスがなった「肉」が人間に限定されない以上、ロゴスが
その間にテントを張った「私たち」も人間に限定されず、地球
上の他の生物に及ぶものと考えられます。デイリー・デントン
が述べる、人類は他のすべての「肉」と関連し、同じルーツを
共有しているという理解は、すべてのものがロゴスを通して作
られたというプロローグの宣言と一致するものです。人間や被
造物は、ロゴスを通して造られたというルーツを共有し、有限
性や脆弱性という共通の性格をもっています。ロゴスは、人間
の間に幕屋＝テントを張っただけでなく、すべての被造物や地

球共同体の間でも幕屋＝テントを張り、その有限で脆弱な生を生きたのです。

　このように、幕屋＝テントを張った「私たち」に人間以外の被造物をも含めるならば、続く「私たちは彼の栄光を見た」の「私たち」にも、人間以外の存在を含めることができるでしょう。旧約聖書には、とりわけ詩編 148 編などに、被造世界が神の栄光を映し、賛美するという考えが見られます（ボウカム 2022: 156-166 頁）。ロゴスは、地球上の人間以外の生物との連帯を示しましたが、人間だけでなく、「私たち」地球共同体が、このロゴスの栄光を「見た」のです。

　ヨハネ福音書においては、この地球＝世（コスモス）そのものが、神によって創造され、神による救済の対象であることが述べられています。プロローグでは、地球＝世（コスモス）は、ロゴスに「よって成った」（1:10）とされます。さらには、ニコデモとの対話でイエスは次のように述べます。「神は、その独り子をお与えになったほどに、世（コスモス）を愛された。御子を信じる者が一人も滅びないで、永遠のいのちを得るためである。神が御子を世（コスモス）に遣わされたのは、世（コスモス）を裁くためでなく、御子によって世（コスモス）が救われるためである」（3:16-17）。ここでは、神の愛が世（コスモス）を対象としており、御子によって世（コスモス）が救われることが宣言されます。また、6 章の供食のしるしに続く講話では、世（コスモス）は、イエスがいのちを与える対象であると宣言されます。「私が与えるパンは、世（コスモス）のいのちのための私の肉である」（6:51）。ここで、動詞「与える」には未来形が使われており、これから起こるイエスの十字架死が念頭におかれていると考えられます。「世のいのち」のためにイエスが与えるパンは、イエス自身の「肉」です。「肉」となって脆弱で一時

的な生を生きたイエスが与えるパンは、イエス自身の「肉」で
あり、イエスはその死によって、人間だけでなく、世（コスモス）、
すべての生き物を含む地球そのものにいのちを与えるのです。
スーザン・ミラーが指摘するように、「世のいのち」は、人間
のいのちが地球との相互依存関係にあることを強調します。イ
エスが目指すのは、人間だけの救いではなく、「被造物全体の
繁栄であり、人間と地球が実り豊かであることができる安定し
た環境の形成」なのです（Miller 2022: 236）。

　以上のように、ヨハネ福音書において受肉は、人間のみなら
ずすべての被造物と地球に係わります。ロゴスは、すべての被
造物の脆弱性と有限性を引き受け、この地上に幕屋＝テントを
張り、私たち地球共同体はその栄光を見ました。ヨハネ福音書
によれば、ロゴスによってすべての被造物、地球が造られたの
であり、また、神の愛といのちが与えられる対象は人間だけで
なく被造物全体とこの地球を含みます。ロゴスが「私たちの間
に幕屋＝テントを張られた」ことは、ロゴスがすべての被造物
と地球との連帯を示したことを意味します。このようにヨハネ
1:14 を解釈する時、「受肉」は今日の多くの周縁におかれた人々、
被造物や地球にとって積極的な意味合いをもつのです。

2. キリスト教神学における罪と救い

　このようなエコフェミニスト解釈によるヨハネ 1:14 の受肉
の理解をもとに、キリスト教神学における罪と救いの意味につ
いて、エコフェミニスト神学者と対話しつつ改めて考えてみた
いと思います。一部のエコフェミニスト神学の組織神学者たち
は、伝統的なキリスト教神学による罪と救いの理解に疑問を投
げかけています。イヴォーネ・ゲバラによれば、伝統的なキリ

スト教神学において、原罪は人間の不従順として考えられてきました。この神学によれば、人間はもともと死すべき者ではなかったのに、不従順という原罪のゆえに、有限で死すべき存在となりました。ゲバラはこのような罪理解を批判し、原罪はむしろ「有限性、限界、脆弱性から逃げようとする努力」にあると主張します（Gebara 1995: 146-56; Ruether 2005: 105 より）。有限性から逃れようとする欲求は人間の本性の一部として存在しますが、権力ある一部の男性が他の人間、動物、地球を支配する力を独占しようとした結果、この欲求は組織化された形をとりました。ゲバラとローズマリー・ラドフォード・リューサーにとって、このように他の存在を支配しようとする試みは、「死」そのものに対して優位に立とうとする試みに他なりません。リューサーによれば、「彼らにとって、他者を支配する究極的な権力は、死そのものを超克することであり、地上の被造物の共通する運命である有限性に対して自らが無力ではないことを示すために自らの力を組織化することであった」（Ruether 2005: 105）。リューサーは、有限性から逃れようとして起こるこの支配のプロセスにおいて、女性が支配の対象となったことを指摘します。女性は、「男性の有限な起源、また、地球に結びついた痛みと限界というリアリティーを示す」存在だからです（Ruether 2005: 105）。女性から逃れ、また女性を支配するために、身体と地球は征服の対象となったのです。

　ゲバラとリューサーによれば、キリスト教神学は、罪と救いに関する新しい理解を必要としており、「悲劇と死が乗り越えられる未来の楽園」という救いの概念を手放すべきです。かわりに、新しく理解される楽園とは「互いにいのちを与え合う共同体」であり、そこでは、地球の被造物として私たちは悲しい時にも幸せな時にも互いに支え合うことができるのです

（Ruether 2005: 106）。

　人間は、自らと他の被造物の有限性、脆弱性から逃れようと
して、他者や被造物を征服、支配の対象としてきたというゲバラ
とリューサーの批判に、私たちは真剣に聞く必要があります。
人間同士を支配、征服の対象としないことはもちろん、私たち
人間は、人間以外の被造物、生物、地球との関係性を考え直す
必要があるでしょう。その際、私たち被造物が、ロゴスによっ
て造られたというルーツ、また、有限性と脆弱性という「肉」
としての性質を共有していることを覚える必要があります。

　しかしながら、キリスト教が、「悲劇と死が乗り越えられる
未来の楽園」という概念を手放すべきであるとするゲバラと
リューサーの主張に、筆者は完全には賛同しきれません。この
ような概念を新しい仕方で捉え直していく必要性はあります
が、完全に手放すべきであるとは筆者は思いません。現実を見
るならば、イエスの受肉、十字架死、復活後も、この世界——
人間社会のみならず被造物を含めたこの地球全体——は、痛み、
呻いており、そこにはどうしようもできない悲劇が存在します。
私たちは、リューサーらが述べるように、お互いにいのちを与
え合い、支え合う共同体の実現のために、最大限の努力をする
必要があります。しかし、人間を含めた被造物全体とこの地球
が、最終的に、人間の想像の及ばない仕方で贖われ、永遠のい
のちが与えられるという終末論的な希望は、手放されるべきで
はないと筆者は考えます。現在の状況が最終的な状況ではない
という終末論的な希望は、私たちに、この現実社会を変革し、
前進する勇気を与えます。人間のみならず、すべての被造物が
最終的に贖われるという希望によって、私たちはすべての被造
物と連帯し、この現実世界においてそれでもなお前進する勇気
が与えられるのです。

むすび

　ヨハネ福音書のプロローグ、とりわけ 1 章 14 節は、ロゴスが一時的で有限で脆弱な生を地球の生物の間で生きたことを語ります。受肉の意義は、ロゴスが人類と連帯を示しただけでなく、すべての生き物、被造物、地球そのものとの連帯を示したことにあります。ヨハネ福音書において、永遠のいのちが与えられるのは、人間だけでなく、すべての被造物であり、地球そのものが含まれます。

　エコフェミニスト神学者のゲバラやリューサーは、キリスト教の伝統的な罪と救いの理解を批判します。彼女たちによれば、罪は、不従順ではなく、むしろ脆弱性からの逃走として理解されるべきであり、死や悲しみの超克としての未来の楽園という救いの概念は手放されるべきです。罪は脆弱性からの逃走にあるという彼女たちの主張は重要なものですが、キリスト教神学は未来の楽園という終末論的な次元を保ち続けるべきであると筆者は考えます。人間のみならず、すべての被造物が最終的に贖われると考えるからこそ、私たちはこの現実世界の中で、希望を失わずに、お互いにいのちを与え合う共同体の実現のために努力することができるのです。

Discussion Questions

1.「ロゴスが私たちの間で幕屋＝テントを張った」の「私たち」に被造物全体や地球そのものを見る場合、私たち人間の被造物や地球に対する関係は、具体的にどのように変わるでしょうか？

2. 罪とは、神への不従順にあるのでしょうか? あるいは、
   リューサーやゲバラが述べるように有限性や脆弱性からの
   逃走にあるのでしょうか?

3. リューサーやゲバラが主張するように、キリスト教神学は、
   「悲劇と死が乗り越えられる未来の楽園」という救済の概念
   を手放すべきしょうか? あるいは、筆者が主張するように、
   手放さないべきでしょうか? なぜそう考えますか?

参考文献

Azuma, Yoshimi. "A Japanese Ecofeminist Reading of John 1:14." Pages
    109-122 in *Reading the New Testament in the Manifold Contexts of
    a Globalized World: Exegetical Perspectives*. Edited by Eve-Marie
    Becker, Angela Standhartinger, Florian Wilk and Jens Herzer. Vol. 32
    of Neutestamentliche Entwürfe zur Theologie. Tübingen: A. Francke,
    2022.

Balabanski, Vicky. "John 1: The Earth Bible Challenge: An Intra-textual
    Approach to Reading John 1," Pages 89-94 in *The Earth Story in the
    New Testament*. Vol. 5 of The Earth Bible Series. Edited by Norman
    C. Habel and Vicky Balabanski. London: Sheffield Academic, 2002.

Coloe, Mary L. *God Dwells With Us: Temple Symbolism in the Fourth
    Gospel*. Collegeville, MN: Liturgical Press, 2001.

Daly-Denton, Margaret. *John: An Earth Bible Commentary: Supposing
    Him to be the Gardener*. London: T&T Clark, 2017.

Eaton, Heather. "Ecofeminist Contributions to an Ecojustice Hermeneutics."
    Pages 54-71 in *Readings from the Perspective of Earth*. Vol. 1 of The
    Earth Bible Series. Edited by Norman C. Habel and Vicky Balabanski.

Sheffield: Sheffield Academic, 2000.

Frey, Jörg. "The Incarnation of the Logos and the Dwelling of God in Jesus Christ." Pages 261-84 in *The Glory of the Crucified One: Christology and Theology in the Gospel of John*. Waco, TX: Baylor University Press, 2018.

Gebara, Ivone. *Teología a Ritmo de Mujer*. Madrid: San Pablo, 1995.

———. "Ecofeminism." Pages 76-78 in *Dictionary of Feminist Theologies*. Edited by Letty M. Russel and J. Shannon Clarkson. Louisville, KY: Westminster John Knox, 1996.

Habel, Norman. "An Ecojustice Challenge: Is Earth Valued in John 1?" Pages 76-82 in *The Earth Story in the New Testament*. Vol. 5 of The Earth Bible Series. Edited by Norman C. Habel and Vicky Balabanski. London: Sheffield Academic, 2002.

Käsemann, Ernst. "The Structure and Purpose of the Prologue to John's Gospel." Pages 138-67 in *New Testament Questions of Today*. Translated by W. J. Montague. London: SCM, 1969.

Koester, Craig R. *The Dwelling of God: The Tabernacle in the Old Testament, Intertestamental Jewish Literature, and the New Testament*. CBQMS 22. Washington, DC: The Catholic Biblical Association of America, 1989.

Lee, Dorothy A. *Flesh and Glory: Symbol, Gender, and Theology in the Gospel of John*. New York: Crossroad, 2002.

McHugh, John. *A Critical and Exegetical Commentary on John 1-4*. International Critical Commentary. Edited by Graham N. Stanton. London: T&T Clark, 2009.

Miller, Susan. "John's Gospel." Pages 228-240 in *The Oxford Handbook of the Bible and Ecology*. Edited by Hilary Marlow and Mark Harris. Oxford: Oxford University Press, 2022.

Ruether, Rosemary Radford. "Ecofeminism: The Challenge to Theology."
　　Pages 97-112 in *Christianity and Ecology: Seeking the Well-Being
　　of Earth and Humans*. Edited by Dieter T. Hessel and Rosemary
　　Radford Ruether. Cambridge, MA: Harvard University Press, 2000.

Thompson, Marianne Meye. *The Humanity of Jesus in the Fourth
　　Gospel*. Philadelphia, PA: Fortress, 1988.

West, Gerald. "Year B: The Word Series, First Sunday in Creation, Earth
　　Sunday." Pages 126-42 in *The Season of Creation: A Preaching
　　Commentary*. Edited by Norman C. Habel, David Rhoads, and H.
　　Paul Santmire. Minneapolis, MN: Fortress, 2011.

ボウカム、リチャード『聖書とエコロジー——創られたものすべ
　　ての共同体を再発見する』山口希生訳、いのちのことば社、
　　2022 年。

※本稿は著者の論考 "A Japanese Ecofeminist Reading of John 1:14"
　　（2022）の議論の一部を発展させ、一般読者向けに書き改めた
　　ものです。

※本稿の聖書の引用は新共同訳（1987 年）と聖書協会共同訳（2018
　　年）を参照しつつ、部分的に変更しています。

エキュメニカル運動における環境正義と〈いのちの問題〉

藤原佐和子

はじめに

　世界レベルのエキュメニカル運動を牽引している世界教会協議会（WCC）は、2022 年にカールスルーエ（ドイツ）で第 11 回総会を開催し、「生きている惑星 − 公正で持続可能なグローバルコミュニティの実現に向けて − 」（原題 "The Living Planet: Seeking a Just and Sustainable Global Community"）という声明文を発表しました。そこでは「地とそこに満ちるもの　世界とそこに住むものは主のもの。主は大海の上に地の基を築き　大河の上に世界を据えたから」（詩 24:1-2）などのテキストが引用され、以下のように述べられています。

　　被造世界と私たちの関係性についての偏狭で人間中心主義的な理解は、持続可能な地球生態系を実現するために、いのち全体の理解へと修正されなければなりません。私たちは皆、神の被造世界全体の中で相互に依存しているのです。キリストの愛が世界を和解と一致に向かわせるように、私たちは 回心（メタノイア）と、私たちの実際の生活の中で表現される被造世界との新しく公正な関係性に召されています。

　特徴的なのは、「私たちには時間がない」（We are running out

of time）という言葉が繰り返されている点です。

　　私たちには時間がありません。私たちは人間の利己主義、
　　貪欲、事実の否定、無関心を続け、すべての被造物のいの
　　ちを脅かしてきたことを悔い改めなければなりません。

　　私たちには時間がありません。この総会は、地球が居住不
　　可能になるのを防ぐために、共に行動する最後のチャンス
　　なのです。

　WCC がエコロジカルな諸課題に取り組み始めたのは、〈教会
と社会〉部会が 1971 年にネミ（イタリア）で開催した「人間と
環境に関する会議」以降のことです。1983 年のバンクーバー
総会では「正義、平和、被造世界の保全（JPIC）」に世界中の
教会が責任あるかかわり（コミットメント）を持つことが提唱
されました。また、1990 年にはソウル（韓国）で「正義、平和、
被造世界の保全（JPIC）」世界会議が開かれています。さらに、
1992 年のリオ・デ・ジャネイロ（ブラジル）における地球サミッ
トで国連気候変動枠組条約が採択されたことをきっかけに、ア
ジアにおけるエキュメニカル運動でも環境正義の取り組みが始
められました。アジア・キリスト教協議会（CCA）でその働き
を主導したのは、日本の牧師でエキュメニカルリーダーの大津
健一さんでした。
　現在、日本でも毎年、国連気候変動枠組条約の締約国会議
（COP）のニュースが報道されています。WCC がそこに代表団
を派遣してアドボカシー（働きかけ）を続けていることは、私
たちの教会ではあまり知られていないかもしれませんが、環境
正義（気候的正義とも言います）は、イエス・キリストの真実を

生きる人々がこの世で担うべき大切な責任の一つであると考えられるようになっています。本章では、2000 年代以降のエキュメニカル運動でどのようなことが呼びかけられてきたかを見ていきたいと思います。

1.「エコロジカルな宗教改革」

　2000 年代以降、エキュメニカル運動で意識されたことの一つは、マルティン・ルターによる宗教改革から 2017 年で 500 年を迎えるという点です。これを受けて、すべての教会は被造世界に対する神のみ心を目に見える形で表現していくことへと招かれているので、私たちは、聖書の読み方から宣教、神学の実践に至るまで「エコロジカルな宗教改革」に取り組む必要があるという発想が生まれました。

　例えば、2004 年に世界改革教会連盟（WARC, 現在の世界改革教会共同体［WCRC]）の第 24 回総会（ガーナ、アクラ）で採択された「アクラ宣言」（原題 "Accra Confession"）では、生態系の破壊とグローバルな経済的不正義という現実と向き合い、「抑圧の鎖と不正のくびきを断ち切り、抑圧されている人々を自由にする」ことが大切であると宣言されました。なぜなら、「正義は信仰の問題」（Justice is a matter of faith）だからです。また、2016 年にギリシャのヴォロス・アカデミーで開かれたエコ神学、気候的正義、フードセキュリティについての会議の参加者たちは、「エコロジカルな宗教改革」のマニフェストとして「ヴォロスからの呼びかけ」（原題 "The Volos Call"）という文書を発表しています。

　さらに、2019 年にヴッパータール（ドイツ）で開かれた「被造世界のためのカイロス」会議の参加者たちは「エコ神学、持

続可能性の倫理、そしてエコフレンドリーな教会に向けて共に」（略称『ヴッパータールからの呼びかけ』［原題 "The Wuppertal Call"]）と題する文書を発表し、「エコロジカルな宗教改革」を実現するためには、「あなたがたはこの世に倣ってはなりません。むしろ、心を新たにして自分を造り変えていただき、何が神の御心であるか、何が善いことで、神に喜ばれ、また完全なことであるかをわきまえるようになりなさい」（ローマ 12: 2）と教えられているように、私たちの心、精神、態度、日々の習慣、ライフスタイルを変化させるというエコロジカルな回心（メタノイア）が必要であると呼びかけています。

　必要とされている変化は、聖書の読み方をはじめとして、典礼と礼拝、宣教、聖餐、信徒の交わりと実践、祈り、断食、霊性、教義、倫理、教育、芸術、音楽、ミニストリー、宣教など、キリスト者の生活のあらゆる側面に及びます。「ヴッパータールからの呼びかけ」を起草した人々は、すべての教会やキリスト教世界共同体が責任をもって取り組むべきこととして、以下を含むいくつかのポイントを挙げています。

①聖書を読み直し、エコロジーの観点から研究すること
②エコロジカルな諸問題との関連性を考慮し、教会と社会におけるジェンダー正義を推進すること
③若い人々が自分たちの未来のために、教会や社会でリーダーシップを発揮するように力づけること
④あらゆるレベルの教育において、エコ神学の考え方を主流化すること

　このように「ジェンダー正義」「若い人々」「教育」がキーワードになっている点は注目に値します。なぜ「エコロジカルな宗

教改革」にジェンダー正義の推進が欠かせないのかについては、後で説明することにします。「環境正義は信仰を生きる人々が担うべき責任の一つである」というメッセージを若い人々に伝えていくためには、キリスト教学校の礼拝や聖書科の授業などにエコロジカル聖書解釈を取り入れていくことが大切です。その際に忘れてはならないのは、エコロジカル聖書解釈の目的は決して「環境問題に取り組むこと」に留まらないという点です。私たちが今この時代に神から招かれているのは、人間社会を含む被造世界全体の〈いのちの問題〉に取り組むことであると考えられるからです。そこで注目してみたいのが、WCC が宣教と伝道について約 30 年ぶりに発表した声明文「いのちに向かって共に」（原題 "Together towards Life"）です。

2.WCC 世界宣教伝道委員会「いのちに向かって共に」（2013 年）

　2013 年、釜山（韓国）における WCC 第 10 回総会で発表された「いのちに向かって共に」が、冒頭で「この世界全体は『神にかたどって』創造されている」と大胆に述べているのは興味深いことです。この文書では〈いのち〉についてどのようなことが書かれているでしょうか。「いのちの否定は、いのちの神を否定すること」と明言されている点を、以下で確認してみましょう。

　　私たちは、すべてのいのちを創り、贖い、支える三位一体の神を信じる。神は世界全体を神にかたどって創り、いのちを祝福し守るために、絶え間なくこの世界で働いておられる。私たちは、世のいのちであり、神のこの世に対する

愛の受肉であるイエス・キリストを信じる（ヨハ 3:16）。充ち満ちたいのちを確かなものとすることが、イエス・キリストの最たる関心であり、使命である（ヨハ 10:10）。私たちは、いのちを保ち、力づけ、さらに被造世界全体を刷新するいのちの与え主、聖霊なる神を信じる（創世記 2:7、ヨハ 3:8）。いのちの否定は、いのちの神を拒否することである。神は、三位一体の神による、いのちを与える宣教へと私たちを招き、新しい天と地においてすべての被造物に与えられる、豊かないのちの幻を証しすることができるよう、私たちに力を与えてくださる。（§1）。

　この声明文では、宣教をあえて「いのちの宣教」と呼んでいます。世界の教会は、環境正義や持続可能なライフスタイルを求める運動を通して、被造世界を中心に据えた「いのち」の宣教を進めてきましたが、「私たちが求めるべき和解による一致（二コリ 5:18-19）に、全被造物との一致も含まれていることを私たちは時々忘れてしまっている」（§22）と指摘されています。次の文章を読んでみましょう。

　　……私たちは被造世界との霊的なつながりを大切にしたいと望んでいるが、現実には、地球は汚染され搾取されている。（中略）この傾向が続き、地球が致命的なダメージを受けるとしたら、私たちはどのような救いを想像できるだろうか。被造世界のその他の部分が滅びる一方で、人間だけが救われるということはありえない。環境正義（eco-justice）は救いと切り離すことができない。そして、地球上のあらゆるいのちのニーズを尊重する新しい謙虚さなしに、救いはあり得ないのである。（§23）

3.WCC 信仰職制委員会「耕し、守りなさい」（2020 年）

　宣教と伝道だけでなく、神学の分野でもエコロジカルな諸課題は研究されてきました。WCC 信仰職制委員会は、2020 年に『耕し、守りなさい－創造のための、そして創造の中での正義に関するエキュメニカル神学－』（原題 "Cultivate and Care: An Ecumenical Theology of Justice for and within Creation"）という研究文書を発表しています。タイトルは「神である主は、エデンの園に人を連れて来て、そこに住まわせた。そこを耕し、守るためであった」（創 2:15）というテキストに由来するものです。この文書はどのような神学的視点を提供しているのでしょうか。要約すると、以下のようになります。

　キリスト者は信仰のゆえに、創造（被造世界）のために、また創造（被造世界）の中で、正義のために行動するように動機づけられています（§18）。なぜなら、被造世界の本質的な価値は、人間にとっての有用性ではなく、神に由来するものだからです（§19）。多様性に富んだ被造世界を「耕し、守る」ということは、生物多様性や人間が育んできた文化的伝統を保護することにもつながります（§20）。被造世界は聖典と並ぶ「第二の書物」であり、その著者の偉大さの一端が明らかにされている（ロマ 1:20）と考えられたり、神を知り、賛美するための複雑な細工が施された窓、神によって作られたイコン（a divinely written icon）であると見なされたりもしています（§23）。それゆえ、「創造に対する正義は、人間が聖霊の導きのもとに、配慮と和解という被造世界の中での召命に立ち返り（メタノイア）、与え主に感謝しつつ、創造を神からの贈り物として受け取る時にはじめて実現されます（§25）」と説明されます。

　　……キリスト者としての私たちの希望は、受動的な姿勢や
　　自己満足につながるものであってはなりません。信仰は行
　　動に移されなければなりません。それは、愛によって働く
　　信仰です（ガラテヤ5:6）。聖霊に力づけられたキリスト者は、
　　創造（自分たちの共通の家、オイコス）を守る責任を受け入
　　れるように求められています。教会は、愛、正義、節制と
　　いった福音的な価値観を養い育てなければなりません。そ
　　うすれば、信仰者は、自らの生活の中でも、また経済的・
　　政治的権力者に対するアドボカシー（働きかけ）においても、
　　創造のための配慮を効果的に推進することができます。教
　　会の役割は、環境に悲惨かつ不当に悪影響を与えてきた感
　　情や態度、活動を変革するために、教え、証しし、働くこ
　　とです。（§27）

　次に、〈いのちの問題〉に取り組む上で、この文書はどのよ
うなポイントを示唆しているかを見ていきましょう。
　第一に、危機的状況を生き抜いていくために苦闘する人々、
とりわけ、「先住民の共同体、自給農家、女性、貧しい人々、
そして最も弱い立場に追いやられている人々」（§4）を守るた
めに私たちが行動することは、「神の似姿である私たちの人間
性（ヒューマニティ）の尺度（ものさし）」（§4）であると指摘さ
れています。例えば、飢饉のためにベツレヘムからモアブの野
に移り住んだナオミは、現在で言うところの「気候難民」かも
しれません（ルツ 1:1-5）。さらに家族を次々に亡くした彼女は、
二人の義理の娘たちと共に食べ物を得るために住み慣れた土地
を離れます。今この時にも、世界中のどの社会にも、食べ物、
着る物を求める人々がいます。住居、安全、教育、医療、雇用、
そして、正義と平和を求めて奮闘している人々がいるのです。

　第二に、被造世界のための正義は、戦争などの悲惨な政治的・経済的状況のゆえに難民となった人々のニーズと対立するものであってはなりません（§6）。今日、世界の多くの国が右傾化し、自国民だけを守り、難民を排除しようと考える人々が増えているように思われます。この文書では、「移民や難民の波が押し寄せる中、国家、集団、文明、そして伝統的な文化的価値観を維持しようとする考えは、時に相互的なゼノフォビア（外国人嫌悪）の形をとることがある」（§8）点を警告しています。

　第三に、人間もまた、「他の被造物や地球そのものとつながっている生き物である」（§11）ことを忘れて、それらを蔑ろにするならば、いずれ報いを受けることになります。エレミヤは土地や生き物のために嘆くことを人々に教えています（エレ9:9）。さらに、私たちが「すべての人間とすべての被造物の本質的な価値を認めること」（§12）へと招かれていることについては、以下のように述べられています。

　　　……神に像に創られ、神に愛されていることから生まれる尊厳は、疎外され、生活の糧を奪われ、環境の悪化の影響でさらに弱い立場に置かれている人々にも同様に与えられています。この尊厳は、障がい者や高齢者など、健康や生産性を理由に疎外されている人にも与えられています。神の創造（被造世界）のすべての部分、すべての人、すべての被造物は、正当に評価され、尊重され、保護されるべき本質的な価値を持っているのです。（§12）

　この研究文書は、被造世界のために、また、被造世界の中において正義を求める草の根の闘いこそが、一致を目指す教会の巡礼の始まりなのだと語っています。一つひとつの小さな行動

から始めていくことができるのです。次に、なぜ「エコロジカルな宗教改革」にジェンダー正義の推進が欠かせないのかについて考えてみたいと思います。

4. なぜ「ジェンダー正義」が必要か？

　先住民、貧しい人、難民、外国人、障がい者、高齢者などを守ることは「神の似姿である私たちの人間性（ヒューマニティ）の尺度」（§4）であるという重要なメッセージがありましたが、そこには、男性だけでなく、女性をはじめとする様々な性自認の人間がいるというポイントを押さえておくことは重要です。あまり知られていないことですが、全世界の環境団体のメンバーの60〜70パーセントは女性であると見積もられています。多くの女性たちが、政府や大企業からの激しい非難と暴力（殺害予告や殺人を含みます）に晒されながらも環境正義のために運動してきたのは、気候的不正義が人々に与える影響が「平等ではない」からです。

　例えば、自然災害による女性の死亡者数は男性を大きく上回ることが分かっています。アジアの教会が自然災害の問題に注力するきっかけとなったインドネシアのスマトラ沖地震（2004年）では、死亡者の75パーセントが女性でした。多くの母親たちの死は、幼児の死亡、早すぎる結婚、女子教育の無視、保護者のいない少女への性的攻撃、性産業に従事させるための人身取引など数々の悪影響へと連鎖していきます。このような問題を、環境的性差別（セクシズム）と言います。これに対して、「障がい者、高齢者など、健康や生産性を理由に阻害されている人々」（§12）の尊厳を支持しないことは、環境的健常者優先主義（エイブリズム）、環境的年齢差別（エイジズム）と呼ば

れます。さらに、現在のエコフェミニズムでは環境的異性愛主義（ヘテロセクシズム）、環境的種差別（スピーシズム）などの幅広い課題が考慮されるようになっています。

　神に似せて創られ、神に愛されていることからくる尊厳は「すべての人、すべての被造物」（§12）に与えられているという点を心から受け入れ、信仰のゆえに行動したいと願う時、「人間は皆、平等である」と考えたり、それを口にしたりするだけでは足りません。例えば、私たちがよく耳にする「ジェンダー平等」は、批判的に言えば、男性がすでに得ているのと同じ支援を女性にも与えるという形式的平等を意味するものでしかありません。

　先に述べたように、気候的不正義はすべての人間に平等に降りかかるものではないので、〈いのちの問題〉に取り組むに当たっては「平等」だけでは不十分なのだと考えてみることが必要です。私たちの生きる世界に深く埋め込まれている差別、抑圧、排除にはいくつもの種類があること、そして、それらは幾重にも交差し、さらに増長・悪化してしまうという問題（インターセクショナリティ）に取り組んでいく必要があります。だからこそ、神の正義の欠くべからざる部分としての「環境正義」や「ジェンダー正義」が呼び求められているのです。

むすび

　エキュメニカル運動では、環境正義のために行動する際には、様々な理由から弱い立場に置かれた人々への差別に反対することが不可欠であると呼びかけられてきました。いわゆる「人間中心主義」が否定的に捉えられる場合に問題化されるのは、自分のかかわる国や企業の経済的利益だけを追求したり、生産

性を基準にして他者（自分以外の生き物や環境などの存在すべて）を値踏みしたりして、いのちの神を拒否する人間の姿なのだと思い知らされます（「いのちに向かって共に」§1）。

　また、「いのちに向かって共に」で大胆に語られた「この世界全体は『神にかたどって』創造されている」という言葉には、「神にかたどって」という言葉を人間だけに都合良く利用してはいけないのだという警告を読み取ることができるでしょう。人間だけがそのままで、（すなわち信仰も行動もなしに）「神の像」を映し出す存在なのだと考えるのは誤りなのです。被造世界全体が「神の像」であり得る可能性を現実化していくためには、互いの姿を鏡に映しながら気付き合い、いのち全体の破れを繕うために共に行動することが求められています。

Discussion Questions

1. 国連で作られた主な人権条約は9つあります。それは何でしょうか。また、日本が「移住労働者権利条約」を守ることを約束していないのはなぜでしょうか。

2. エキュメニカルな文書を批判的に読んでみましょう。「耕し、守りなさい」では文化的伝統の保護が呼びかけられていますが（§20）、旧来の慣習によってアニマルウェルフェア（動物福祉）が侵害される場合がある点には言及されていません（例えば、動物に怪我や死亡のリスクを負わせる祭事など）。他にどのような批判ができますか。

3. 「エコロジカルな宗教改革」を行動に移すことと、コスト・パフォーマンス（費用対効果）やタイム・パフォーマンス（時

間対効果）を追い求めることの間には、どのような価値観の
衝突がありますか。

参考文献

Ayer, Clive W. and E. M. Conradie, eds. *The Church in God's Household: Protestant Perspectives on Ecclesiology and Ecology*. Pietermaritzburg: Cluster Publications, 2016.

Gaard, Greta. "Feminism and Environmental Justice." Pages 74-88 in *The Routledge Handbook of Environmental Justice*. Edited by Ryan Holifield, Jayajit Chakoaborty and Gordon Walker. New York: Routledge, 2018.

Granberg-Michaelson, Wesley. "Climate Change and the Ecumenical Movement." Pages 340-350 in *T&T Clark Handbook of Christian Theology and Climate Change*. Edited by Ernst M. Conradie and Hilda P. Koster. London: T&T Clark, 2019.

Irwin, Kevin W. "Ecology," in Pages 359-373 in *The Oxford Handbook of Ecumenical Studies*. Edited by Geoffrey Wainwright and Paul McPartlan. Oxford: Oxford University Press, 2021.

Kim, Grace Ji-Sun, ed. *Making Peace with the Earth: Action and Advocacy*. Geneva: WCC Publications, 2016.

Peralta, Athena, ed. *Walk the Talk: A Toolkit to Accompany the "Roadmap for Congregations, Communities and Churches for an Economy of Life and Ecological Justice."* Geneva: World Council of Churches, 2021. https://www.oikoumene.org/resources/publications/walk-the-talk

Seidel, Frederique and Virág Kinga Mezei, eds. *Climate Justice with and for Children and Youth in Churches: Get Informed, Get Inspired,*

Take Action. Geneva: World Council of Churches, 2020. https://jliflc. com/wp-content/uploads/2021/04/WCC-ClimateJustice-Toolkit.pdf

Tendis, Norman, ed. *Roadmap for Congregations, Communities, and Churches for an Economy of Life and Ecological Justice.* Geneva: World Council of Churches, 2019. https://www.oikoumene.org/ sites/default/files/Document/Roadmap%20Magazine_5.pdf

< エキュメニカル関係文書・声明・告白文など 以下、年代順 >

WCC 世界宣教伝道委員会・信仰職制委員会編（西原廉太監訳、村瀬義史・橋本祐樹訳）『いのちに向かって共に／教会——現代世界エキュメニカル運動における二大重要文書』、キリスト新聞社、2017 年。

Keum, Jooseop, ed. *Together towards Life: Mission and Evangelism in Changing Landscapes - with a Practical Guide.* Geneva: WCC Publications, 2013.

World Communion of Reformed Churches, "The Accra Confession: Call to Communion, Committed to Justice." Presented at the General Council of the World Alliance of Reformed Churches, Accra, Ghana, 2004. http://wcrc.ch/wp-content/uploads/2021/11/AccraConfession-EN.pdf

Participants of Volos Academy Consultation on Eco-theology, Climate Justice and Food Security, "The Volos Call: Manifesto for an Ecological Reformation of Christianity." March 2016. https://repository.globethics. net/handle/20.500.12424/156799

"Kairos for Creation— Confessing Hope for the Earth: The Wuppertal Call." A Document presented at the Together towards Eco-Theologies, Ethics of Sustainability and Eco-Friendly Churches, Wuppertal, Germany, June 16 to 19, 2019. https://www.oikoumene.org/sites/ default/files/Document/KAIROS%20FOR%20CREATION%20%20

Final%20Version%2024062019.pdf

World Council of Churches Commission on Faith and Order, "Cultivate and Care: An Ecumenical Theology of Justice for and within Creation." Faith and Order Paper No. 226, 2020. https://www.oikoumene.org/resources/publications/cultivate-and-care

World Council of Churches, "The Living Planet: Seeking a Just and Sustainable Global Community." A Document presented at World Council of Churches 11th Assembly, Karlsruhe, Germany, August 31to September 8, 2022. https://www.oikoumene.org/sites/default/files/2022-10/ADOPTED-PIC01.2rev-The-Living-Planet-Seeking-a-Just-and-Sustainable-Global-Community.pdf

あとがき

　本書をむすぶにあたって、エコロジカル聖書解釈がそもそも誰による何を目指した聖書の読みであるかを改めて確認するために、田中正造が聖書をどのように読んだかを紹介します。田中正造は日本で、いやもしかしたら世界で最初に聖書をエコロジカルに読んだ人ではないでしょうか。彼は、足尾銅山から渡良瀬川に流れ出る鉱毒によって荒廃し、廃村を強いられた谷中村残留民のために生涯をささげた人です。田中は獄中に差し入れられた新約聖書を読み、心を動かされました。そしてそれから亡くなるまで、聖書を片時も手放しませんでした。

　田中がどのように聖書を読んだか、彼の言葉を引用します。

　　見よ、神ハ谷中ニあり。聖書ハ谷中人民の身ニあり。苦痛中ニ得たる智徳、谷中残留人の身の価ハ聖書の価と同じ意味で、聖書の文章上の研究よりハ見るべし。学ぶべきハ、実物研究として先ヅ残留人と谷中破滅との関係より一身の研究を為すべし。徒らニ反古紙を読むなかれ。死したる本、死したる書冊をみるなかれ。(『全集』第 19 巻 165 頁)

　　常に神の側ニ居る如くせんと欲セバ、聖書を常ニ読むをよしとす……聖書ヲ読ムヨリハ先ヅ聖書ヲ実践セヨ。聖書ヲ空文タラシムルナカレ。(『全集』第 11 巻 185 頁)

　神は日本における公害の最初の犠牲となった谷中人民の身にあるという田中の主張は、ヒエラルヒー的二元論をラジカルに

超えようとするエコフェミニスト神学者たちが主張する「ひとつの聖なる身体」——神に創造された『地球』が神に包まれ、その中に宿り、その身体を構成しているという考え方——と重なります。そして、神は困窮する谷中残留民に受肉するのだから、谷中村の人々の経験こそが聖書解釈の出発点であるという田中の主張も、エコロジカル聖書解釈の目指していることと重なります。

田中は「地に満ちて、地を従わせよ」（創 1:28）という神の言葉の人間中心主義的解釈に反論するかのように、人間は「人ハ万物の霊でなくてもよろし。万物の奴隷でもよし、万物の奉公人でもよし、小使でよし」と主張します（『全集』第 12 巻 189 頁）。「真の文明ハ山を荒さず、川を荒さず、村を破らず、人を殺さゞるべし」（『全集』第 13 巻 260 頁）とあるように、彼は人間の科学的知見や技術が環境を破壊し、谷中村の人々のような力のない民の住む場所を奪うのではなく、環境を守り貧しい人々を守るものであるべきと主張します。

ちなみに田中は終生キリスト者になることはありませんでした。また、誰かの聖書講義や教会に出席したという記録もありません。このことはエコロジカル聖書解釈が教会における聖書の読みを超えて、気候変動や公害に直面する貧しい人々そして「地球」の視点での聖書の読みであることを示しています。

エコロジカル聖書解釈は、気候変動や公害に直面する被造物の視点で聖書を解釈し、環境正義を裏打ちする世界観を打ち立てることを目指します。そういう点において、この聖書解釈は単なる聖書の読みではなく、環境正義を打ち立てる活動の一環なのです。

さて、本書は関西学院大学キリスト教と文化研究センター

（RCC）のプロジェクト研究「エコロジカル聖書解釈」（2019 年度から 2023 年度まで）の成果の一部です。プロジェクトのメンバーは東よしみ（関西学院大学神学部准教授）、大澤香（神戸女学院大学文学部准教授）、大宮有博（関西学院大学法学部教授）、藤原佐和子（立教大学文学部キリスト教学科兼任講師）、水野隆一（関西学院大学神学部教授）の 5 名です。

　研究会を対面で行ったのは 2019 年度だけです。2020 年度から、新型コロナの感染拡大を防ぐため、研究会はすべて ZOOM で行いました。ZOOM を使うことで、交通費を抑え、柔軟にスケジュール調整もできました。そのためコロナで多くの研究が停滞した時期も、2 〜 3 か月に 1 回ペースで研究会を行うことができました。研究会はエコロジカル聖書解釈およびエコフェミニスト神学に関連する英語文献の講読を中心に行いました。そこからメンバーが個別のテーマについて研究発表をしました。毎回熱い議論が行われ、参加者一同ひさしぶりに大学院生に戻ったような気分を味わうことができました。

　さて、本書の各章は、元となる論文があるものもありますが、読者として、エコロジーと宗教とりわけキリスト教に関心を持つ方々を想定して書き下ろされたものです。また「創造の季節」に授業やメッセージを担当されるキリスト教主義学校の宗教科（聖書科）の先生や教会の説教者、教会学校のリーダーのささやかな助けになればという願いもこめました。

　この研究プロジェクトを承認し最後まで見守って下さったキリスト教と文化研究センターの前センター長で関西学院宗教総主事の打樋啓史先生、そして本書の出版のために様々な取り計らいをして下さった現センター長の淺野淳博先生に心よりお礼を申し上げます。またキリスト教と文化研究センターの職員の小浪陽子さん、米田弘美さん、石口やすよさん、山本準子さん

にもお礼を申し上げます。鬼頭葉子先生（現同志社大学文学部准教授）には、2020年2月に研究会に来ていただいて、ご講演いただきました。感謝申し上げます。本書の企画を快く受け入れ、出版を引き受けて下さったキリスト新聞社の松谷信司社長に心よりお礼申し上げます。また企画の段階から出版まで金子和人さんと桑島大志さんには、いろいろとお世話になりました。ありがとうございます。

　本書を出版することで、聖書学そして神学にささやかでも新しい風を吹かすことができれば幸いです。

大宮有博

【著者略歴】

東よしみ（あづま　よしみ）
関西学院大学神学部准教授。エモリー大学大学院博士課程修了
（Ph.D.）。

著書　（共著）*Narrative Mode and Theological Claim in Johannine Literature: Essays in Honor of Gail R. O'Day.* Edited by Lynn R. Huber, Susan E. Hylen, and William M. Wright IV. Biblical Scholarship in North America 30. Atlanta: SBL Press, 2021.

訳書　リチャード・B・ヘイズ『パウロ書簡にこだまする聖典の声：パウロは「旧約」聖書をどう読んだか』日本キリスト教団出版局、2023 年。

論文　「ラザロの復活物語がもつ意味——物語批評による解釈」『新約学研究』45 号 2017 年など。

大澤　香（おおざわ　かおり）
神戸女学院大学文学部准教授。同志社大学大学院神学研究科神学専攻博士課程後期修了・博士（神学）

著書　（共著）『イエスから初期キリスト教へ——新約思想とその展開』リトン、2019 年。

論文　「初期ユダヤ教とルカ文書における『知恵』の一側面——『神をおそれる』に見る『敬虔』と『他者』との接点」『日本の神学』56 号 2017 年など。

大宮有博（おおみや　ともひろ）

関西学院大学法学部教授・宗教主事。ブルネル大学・ロンドン神学校修了（Ph.D.）。

著書　　『アメリカ・キリスト教入門』キリスト新聞社、2022年。

訳書　　ノルベルト・ローフィンク『反貧困の神　旧約聖書神学入門』キリスト新聞社、2010年。

論文　　「ルカ文書におけるサマリア人」『新約学研究』38号2010年など。

藤原佐和子（ふじわら　さわこ）

立教大学文学部キリスト教学科兼任講師。日本キリスト教協議会（NCC）書記。同志社大学大学院神学研究科神学専攻博士課程後期課程修了・博士（神学）

著書　　（共著）富坂キリスト教センター編『日本におけるキリスト教フェミニスト運動史——1970年代から2022年まで』新教出版社、2023年。

論文　　「世界教会協議会（WCC）における女性の参加」『日本の神学』59号、2020年など。

エコロジカル聖書解釈の手引き　　　　　　　　©RCC2024

2024年3月18日　　第1版第1刷発行

編集　関西学院大学キリスト教と文化研究センター
著者　東よしみ、大澤香、大宮有博、藤原佐和子

発行所　株式会社 キリスト新聞社

〒162-0814　東京都新宿区新小川町9-1
電話 03-5579-2432
URL. http://www.kirishin.com
E-Mail. support@kirishin.com
印刷所　光陽メディア

ISBN978-4-87395-831-6　C0016（日キ販）　　　　　　　Printed in Japan